JN024267

ミサ聖祭

聖書にもとづくことばと所作の意味

共　著
■エドワード・スリ■田中　昇■湯浅俊治

2020 年 9 月
㈱フリープレス　刊

推薦のことば

父である神から遣わされ、私たちと同じ人となられた御子イエスは、感覚的な媒介を必要とする人間に、神の福音を宣べ伝え、その恵みをもたらすために、ご自分が生まれ育った民族のことばで語り、当時の文化的な背景をもつ種々のしるし（所作や物）を用いられました。聖書はそのことを物語っています。とくに、イエスご自身によって制定されたエウカリスチア（ミサ）の中心となる部分は、そうしたしるしを介して弟子たちに継続するよう命じられた救いのわざの記念です。

教会はその長い歴史の中で、とくに聖書に由来することばやしるしにもとづきながら、注意深くミサの典礼を整え練り上げてきました。「聖書のいぶきと感動から典礼の祈りや祈願や聖歌がわき出たのであり、また聖書から、行為のしるしはその意義を受ける」（教皇庁典礼秘跡省指針『あがないの秘跡』９項）と言われているとおりです。

本書は、アメリカ合衆国のカトリック信徒である聖書学者エドワード・スリ（Edward Sri）博士によって著された *A Biblical Walk through the Mass*：*Understanding What We Say and Do in the Liturgy*（『ミサを巡る聖書的散策』－典礼におけることばと所作の理解－）にもとづいた、ミサの典礼で用いられていることばと所作の聖書的意味を明らかにする案内書です。

スリ博士の原書は、英語版『ローマ・ミサ典礼書』（第３版）の解説書として編まれた経緯があります。しかし、それに依拠した本書『ミサ聖祭——聖書にもとづくことばと所作の意味』は、厳密な意味での日本語版『ローマ・ミサ典礼書』（第３版）の解説書ではないことに留意していただきたいと思います。田中昇神父様も「はじめに」で明確に言及しておられるように、本書の中に掲載されているミサの式文は、日本カトリック司教協議会として認可したミサの式文ではなく、あくまでスリ博士の説明する聖書的な意味を示すうえで必要とされる学術的な私訳であることにご留意下さい。

日本の教会でも、新たな日本語版『ローマ・ミサ典礼書』（第３版）の発行が待たれていますが、本書はその準備として翻訳された資料ではなく、あくまでもミサの典礼で用いられることばと所作に関する聖書的背景を説明する手引きです。

このようなミサに関する良書を日本の教会に紹介して下さったお二人の神父様方の熱意と働きに心から敬意と感謝を表したいと思います。田中昇神父様（東京教区、教会法学者）と湯浅俊治神父様（長崎教区・サンスルピス会、聖書学者）は、既に、米国の著名な聖書学者でヨハネ福音書の専門家として知られる故レイモンド・E・ブラウン博士（サンスルピス会司祭）の著作や、米国の女性信徒の聖書学者メアリー・ヒーリー博士のマルコ福音書の注解書を翻訳、出版された経歴をもつ方々で、今回は、聖書的視点からの典礼に関するカテケージスの資料を提供して下さいました。

一人でも多くの方々が、本書を通して、ミサにおける典礼のことばと所作の聖書的意味を、これまで以上に深く学び、噛みしめながら、より意識的・行動的にミサに参加することができるよう導かれていくことを願ってやみません。

2020年4月9日　聖木曜日
広島司教館にて
日本カトリック司教協議会典礼委員長
カトリック広島教区司教　アレキシオ　白浜　満

はじめに

本書は、アメリカ合衆国のカトリック信徒の聖書学者エドワード・スリ（Edward Sri）博士による英語版の『ローマ・ミサ典礼書』第３版（*Roman Missal, Third edition*）の解説書 *A Biblical Walk through the Mass*：*Understanding What We Say and Do in the Liturgy*（Ascension Press, West Chester, Pennsylvania, 2011）にもとづいたミサにおけることばと所作の聖書学的視点からの考察です。原題のとおり、スリ博士は聖書学者としての立場からミサについて考察していますので、本書もまた典礼学的視点からの解説ではなく聖書学的視点にもとづくものとなっています。

スリ博士の本との出会いは、私がローマに留学していた時、同じコレジオに住んでいた同僚でサンタンセルモ大学で典礼を学んでいた司祭に、信徒向けの典礼のカテケージスのよい教材はないかと尋ねたことがきっかけでした。しかし、原書は基本的に英語版の『ローマ・ミサ典礼書』第３版（*Roman Missal, Third edition*）についての解説書であったため、当然、その純粋な日本語版を刊行することには問題があることは分かっていました。さらに当時、日本司教協議会において日本語のミサ典礼書の改訂作業が進んでいるという情報を得ていたことからも、原書の翻訳と監修作業は５年前にいったん完了していたものの、刊行それ自体は日本語の新しいミサの式文に合わせた解説書として刊行すべきではないかという考えから、ほぼ無期限の延期状態になっていました。そうこうするうちに、アメリカのデンバーに住む原著者のスリ博士と連絡を取る機会に恵まれました。彼と意見交換する中で、いずれの言語のミサ典礼書も多少なりともラテン語規範版からは意訳的なものとならざるを得ないことを考慮すると、本書を純粋な英語版のミサの解説書として日本で出版するのも、さらに（新旧問わず）日本語版のミサの解説書として出版するのも適当さを欠くため、普遍的なラテン語のミサ典礼書に依拠したミサの解説書として、スリ博士の著書の内容を基に日本の読者向けに適切な修正を施すのがより望ましいという考えに至りました。そこでスリ博士の許可を得て、監訳をお願いしていた湯浅神父様とともに訳稿を基に新たな解説書としてリライトする作業をおこないました。そのため本書は、スリ博士の原書の内容を活かしながら、日本の読者が普遍的なミサにおけることばと所作の意味について聖書学的視点から学べるものとなっています。

そこで本書を読まれる皆様に是非ともご理解いただきたい点があります。それは、ある地域の教会の典礼で公式に用いることができる用語は、各司教協議会がその権限において確定し使徒座から承認を得た文言だけであると言う明確な原則(教会法第838条)[1]についてです。というのも、本文のミサ式文に関わる箇所には、そのことばの意味をより詳細に説明するという学術的観点から、あえて公式に使用されている表現とは異なる、いわばラテン語の直訳的表現を私訳として付している箇所があるからです。それは聖書学的な観点からミサのことばや所作の意味をより正確に考察するには、当然、意訳的表現ではなく直訳的表現を提示せざるを得ないためなのです。

このことに関して改めてご理解いただきたいのは、各国の典礼の公式用語は、必ずしも直訳的な表現だけが望ましいわけではないということです。教会の典礼用語は、各地域の教会の司牧的責任者たちが、様々な専門家を交えて、それぞれのことばの持っている聖書的、教義的、典礼的意味内容を考慮し、さらに実践で用いる上で、その地域の文化的背景や言語表現の的確さ等様々な要素を慎重に検討した結果、最善の選択として教会の権威によって決定されるものであるということです。それゆえ各国の教会で公式に用いられる典礼の用語が、必ずしも完全なラテン語の直訳的表現ではないことも十分にあり得ます。皆様に申し上げておきたいことは、本書において聖書的解釈につなげられるよう私たちが選択したミサ式文のつたない訳語表現もまた、あくまでも一つの試み、一つの可能性としての提案であるということです。それらは、典礼で用いられることばや所作が元来持っている決して単純な翻訳では表現しきれない、非常に幅広く深いことばの意味合いを、自らの非力を承知の上で、何らかの形で表現してみようという訳者自身の表現の自由の中での試みでもあるということなのです。ですから本文の中で日本の教会における

1　教皇フランシスコ、自発教令の形式による使徒的書簡『マーニュム・プリンチピウム *Magnum Principium*』(2017年9月3日)参照。

公式の典礼用語や所作の指示と異なる箇所については、それを訳編者である我々の批判的な考えや態度として捉えたり、また誰かが日本語の公式典礼書に対する批判のために利用できるものでもなく、当然、典礼という場で用いられるものでもありません。

なお上述したとおり、本書の底本となったスリ博士の著書の翻訳にはじまり、さらに日本の読者に向けた改稿作業に至るまで、福岡カトリック神学院の湯浅俊治神父様（サンスルピス会）にご協力いただきました。聖書の専門家としてオリジナルの原稿の監訳作業、および新たな解説書として本書の内容を充実させる労をお取りいただけたことに心から感謝致します。

そして本書において、自身の著作の使用を快く承諾して下さったエドワード・スリ博士にあらためて心からの敬意と感謝の念を表わしたいと思います。なおスリ博士の英文論稿は、同氏の意向により田中、湯浅が邦訳しました。

またラテン語の翻訳について監修いただいた教会史の専門家である髙久充氏、難しい版権交渉から本書刊行までご尽力いただいたフリープレス社の山内継祐氏ならびに米国アセンション・プレス社のジョン・エドワード氏とニコラス・シャノン女史およびすべての出版関係者の皆様にも厚く御礼申し上げます。

読者のみなさんにとって、本書が、信仰生活の源泉であり頂点でもあるミサ聖祭（第二バチカン公会議『典礼憲章』第10項参照）についての理解を深め、心を込めてミサにあずかる、あるいはミサをささげることができるための一助となれば幸甚です。

2020年3月　東京にて

田中　昇

ミサ聖祭 —— 目次

略号

旧約聖書

書名	略号	書名	略号
創世記	創	出エジプト記	出
レビ記	レビ	民数記	民
申命記	申	ヨシュア記	ヨシュ
士師記	士	ルツ記	ルツ
サムエル記上	サム上	サムエル記下	サム下
列王記上	王上	列王記下	王下
歴代誌上	代上	歴代誌下	代下
エズラ記	エズ	ネヘミヤ記	ネヘ
エステル記	エス	ヨブ記	ヨブ
詩編	詩	箴言	箴
コヘレトの言葉	コヘ	雅歌	雅
イザヤ書	イザ	エレミヤ書	エレ
哀歌	哀	エゼキエル書	エゼ
ダニエル書	ダニ	ホセア書	ホセ
ヨエル書	ヨエ	アモス書	アモ
オバデヤ書	オバ	ヨナ書	ヨナ
ミカ書	ミカ	ナホム書	ナホ
ハバクク書	ハバ	ゼファニヤ書	ゼファ
ハガイ書	ハガ	ゼカリヤ書	ゼカ
マラキ書	マラ	トビト記	トビ
ユディト記	ユディ	マカバイ記一	１マカ
マカバイ記二	２マカ	知恵の書	知
シラ書	シラ	バルク書	バル

ダニエル書補遺『アザルヤの祈りと三人の若者の賛歌』……………………　アザ

新約聖書

書名	略号	書名	略号
マタイによる福音書	マタ	マルコによる福音書	マコ
ルカによる福音書	ルカ	ヨハネによる福音書	ヨハ

使徒言行録 ……………………	使	ローマの信徒への手紙 ………	ロマ
コリントの信徒への手紙１……	１コリ	コリントの信徒への手紙２……	２コリ
ガラテヤの信徒への手紙 ……	ガラ	エフェソの信徒への手紙 ……	エフェ
フィリピの信徒への手紙 ……	フィリ	コロサイの信徒への手紙 ……	コロ
テサロニケの信徒への手紙１…	１テサ	テサロニケの信徒への手紙２…	２テサ
テモテへの手紙１ ……………	１テモ	テモテへの手紙２ ……………	２テモ
テトスへの手紙 ………………	テト	フィレモンへの手紙……………	フィレ
ヘブライ人への手紙 …………	ヘブ	ヤコブの手紙 …………………	ヤコ
ペトロの手紙１ ………………	１ペト	ペトロの手紙２ ………………	２ペト
ヨハネの手紙１ ………………	１ヨハ	ヨハネの手紙２ ………………	２ヨハ
ヨハネの手紙３ ………………	３ヨハ	ユダの手紙 ……………………	ユダ
ヨハネの黙示 ………………	黙		

CCL ………*Corpus Christianorum, Series Latina* （Turnhout, 1953- ）『ラテン教父全集』

『カテキズム』………『カトリック教会のカテキズム』（*Catechismus Catholiae Ecclesiae*）カトリック中央協議会 2002 年（原書は 1997 年に刊行）

PG………J. P. Migne, ed., *Patrologia Graeca*（Paris, 1857-1866）『ミーニュ・ギリシャ教父全集』

PL……… J. P. Migne, ed., *Patrologia Latina*（Paris, 1841-1855）『ミーニュ・ラテン教父全集』

『ローマ・ミサ典礼書の総則』………『ローマ・ミサ典礼書』ラテン語規範版第３版（2000 年）の総則

ラテン語規範版『ローマ・ミサ典礼書』第３版…………*Missale Romanum,* editio typica tertia, 2002（Libreria Editrice Vaticana, Città del Vaticano）

※なお聖書本文には『聖書協会共同訳』（2018 年に日本聖書協会より発刊）を用いましたが、一部、原文の文脈に合わせて書き改めています。

序

神の国の体験としてのミサ

教皇ヨハネ・パウロ２世は、1996年11月３日のお告げの祈りの中で、「ミサとは地上の天国」であると語りました。つまり私たちが祝うミサとは、それがいくら天上的なものとは感じられないような時でさえも、それは単なる概念やイメージではなく、現実としての天上の祭儀への神秘的な参加だと言えます（第二バチカン公会議『典礼憲章』８項参照）。

その証拠に、司式司祭はミサのクライマックスにおいて、黙示録の天上の宴で天使によって宣言されることば「小羊の婚宴に招かれた者は幸い」(黙 19:9) を私たちの教会の中で宣言します。この黙示録のメッセージからも、ミサとは復活した主との出会い、キリストの花嫁として私たちが神の国の婚宴を喜び祝うことに間違いありません。

それゆえミサに行くこと、ミサに参加することは、天のエルサレム、黄金の広場へ私たちが入っていくこと、主との出会いのために教会が神の聖所に飛翔していくことだと言えるのです（黙示録21, 22章参照）。

そもそも奉献文と訳されるギリシア語「アナフォラ」(anaphora) は、「上昇」あるいは「上に揚げられること」を意味します。[2] そのことばからもミサは、私たちが御父と御子がともにいるところへ行くこと、つまり天の至聖所へと私たちが昇っていくこと、神との出会いに開かれた新たな

2　アナフォラ（anaphora）というギリシア語の名詞そのものは聖書の中には見られませんが、その語源とも言える動詞 anapherô は旧約聖書にも新約聖書においても使われています。元来、アナフォラとは「他者により頼むこと」つまり自らの思いを他者に向けること、自らの心を信頼する第三者にささげることを意味し、このことから、この語が東方教会の聖体礼儀（カトリック教会での「ミサ聖祭」に相当する儀式）の中で「パンとぶどう酒を神にささげるために聖化する祈り」として使われるようになりました。換言すれば、キリストのいけにえを神にささげるときに、儀式の中で使われる祈願文のことを意味しています。カトリック教会のミサ聖祭（エウカリスチア）にあっては、「奉献文」のこととして、ギリシア語のアナフォラが慣用的に典礼用語として用いられています。

道を進み永遠に神の座す玉座へと近づくこと、現世に生きる私たちが希望を持って入るはずの御国の体験と言えます。ミサの中で私たちは地上にいながらも、終わりの日に先立って新たに作り変えられる体験をするのです。

確かに、天上の天使の群れは神の玉座の前で絶え間なく「アーメン」「ハレルヤ」「聖なる、聖なる、聖なる」（イザ 6:3; 黙 4:8）と万軍の主を讃えて歌っています。それゆえ私たちもミサにあずかるとき、主の御使いたちとともに主と親しく交わり、婚宴の歌を歌うように招かれているのです。それがまさに奉献文の叙唱の終わりで、司式司祭が「私たちも、すべての天使、聖人とともに、賛美の歌をささげます」と宣言することの真意です。これはまさに、終わりの日に体験する〈天国の至福〉の地上における先駆けであると言えます。

さあ、ご一緒に、ミサ聖祭において私たちが体験する神秘について理解を深めていきましょう。

第１部

出発点

ミサとは何か

使徒たちの時代から、ミサはキリスト信者にとって常に礼拝の中心的行為でした。ミサとは、イエスが弟子たちに「私の記念としてこれをおこないなさい」（ルカ 22:19 を参照）と命じられた最後の晩餐で、ご自身が制定なさった聖体祭儀に他なりません。

あがないの神秘のすべてが聖体祭儀の典礼と関連しているため、ミサで遭遇するすべてのことをごく簡単な文章でまとめるのは難しいことです。実際、教皇ヨハネ・パウロ２世も、イエスの死と復活の救いの神秘は、「聖体祭儀の恵みのうちに、永遠にまとめあげられ、前もってかたどられ、凝縮されているのです」[3] と言っています。

ここで、ミサを巡る私たちの歩みにとって基礎となる聖体祭儀の４つの側面を簡単に考察しておきましょう。

１）十字架上でささげられたキリストのいけにえ、愛の記念である聖体祭儀
２）イエスの真の現存である聖体祭儀
３）私たちの聖なる主との交わり、新しい契約である聖体祭儀
４）キリストによる派遣

神の愛の記念、いけにえであるミサ

聖体祭儀（エウカリスチア）は、しばしば「聖なるミサのいけにえ」と呼ばれます。しかし、どのような意味において、ミサはいけにえなのでしょうか。確かに、この答えは簡単ではありません。何しろカトリック信者は、かつてユダヤ人たちが動物を携えて聖所へ行き、それを屠って切り裂いて火に焼べ、そのいけにえが祭司の手で神にささげられるた

3　教皇ヨハネ・パウロ２世、回勅『教会にいのちを与える聖体 *Ecclesia de Eucharistia*』５項。

めに自分たちの神殿に行ったのと同じような形で教会に行ってミサに参加するのではないのです。ミサの中のいけにえは、明らかに牛や羊や山羊のそれではありません。しかしながら、それは間違いなく真のいけにえ、つまり、十字架上の死によってご自分の命を御父への完全なささげものとしてささげて世をあがなわれた神の子、イエス・キリストのいけにえなのです。

カトリック教会は、「ミサとは、単に十字架上のイエスの死を思い出させるものではなく、あるいはそれを象徴しているものでもない」と教えます。ミサは、秘跡的にカルワリオ（ゴルゴタ）の丘でささげられたキリストのあがないのいけにえをその中で現存させるがゆえに、その救いの力がより十全に私たちの生に働くものなのです。

『カトリック教会のカテキズム』が教えているように、「ミサでおこなわれるこの神聖ないけにえには、十字架上の祭壇で一回限り血を流して自らをささげられたのと同じキリストが現存し、血を流さずにささげられるのです」。[4] 最後の晩餐のときのイエスのことばを吟味すると、ミサがいけにえであるという見方をはっきりさせることができます。[5]

イエスは、亡くなる前夜、自らの死と復活の記念として、自らの愛の証として聖体の秘跡を制定されました。そのように、聖体は私たちに対する神の愛の記念なのです。過越祭という場面において、イエスはパンとぶどう酒を取り、それぞれをこれから引き渡されるご自分のからだ、罪のゆるしのために流されるご自分の血であると語られたのです。そして、最後の晩餐の終わりに、イエスはこの食事が典礼的な記念であると

4　『カテキズム』1367 項、また『カテキズム』1362-72 項も参照。

5　いけにえは、当然、罪のあがないという意味合いを持ちます。神の民は、神のご意志に反する罪に陥ったとき、自分にとって自らの命の代わりとなる最も貴重なものをいけにえとして神にささげて全幅の信頼のうちに神との和解を果たし、再び神の与えた掟に適った生き方、祝福（benedictio、字義的には是認の意味）のうちに歩み直す恵みを得てきました。もちろん人間がささげられるもののうちで神からいただかないものなどないのですが、御父は愛する御ひとり子さえ惜しまず私たちの罪のあがないのために渡された（ロマ 8:32 参照）のです。まさに私たち一人ひとりへの愛ゆえに、御父は御子を渡され、御子は愛のうちにご自身を渡されたのです。その意味で私たちは、キリストと共に聖霊の交わりの中で父なる神に自らの生をささげるように招かれているのです。

使徒たちに話されました。「わたしの記念としてこれをおこないなさい」と。

ここで指摘すべき大事な点は、イエスが自らの体と血について語ったときに用いられた言い回しには、いかに〈いけにえ〉という強い含みがあるかということです。イエスは、自らの体は〈ささげられ〉その血は〈流される〉であろうと言われました。後で見ることになりますが、この言い回しは、いけにえとして動物の体がささげられ、またその血が流されたユダヤ人たちのいけにえの儀式を彷彿とさせたことでしょう。したがって、最後の晩餐の席で、イエスがご自分の体と血が、いけにえとなる過越の小羊のようにささげられると言うとき、イエスは自らが十字架上のいけにえとなることを見越しておられたのです。

２つ目のポイントは、「記念」というユダヤ的概念です。聖書における記念は、単に過去の出来事を想起するだけでなく、その出来事を現在化するものでもあります。それゆえ、イエスが「わたしの記念としてこれをおこないなさい」と言われたとき、最後の晩餐の席での彼の御体と御血という〈いけにえとしてのささげもの〉を聖書的な記念として現在化するよう、イエスは弟子たちに命じておられたのです。事実、イエスが最後の晩餐で語られた御体と御血とは、カルワリオ（ゴルゴタ）の丘でいけにえとなった彼の実際の体と血であり、私たちにとっては、まさにこれがミサの中で現在化しているのです。

教皇ヨハネ・パウロ２世は次のように説明しています。「イエスは、弟子たちが食べ、飲むように与えるのは、自分の体と血であると仰せになっただけではありません。イエスはそれらがいけにえとしての意味を持つことを示され、ご自分のいけにえが秘跡の形で現存するようにされたのです。それから間もなくして、イエスはこのいけにえをすべての人の救いのために十字架上でささげられたのです。」[6]

同様に『カテキズム』は、「ミサは十字架のいけにえの現在化である」[7]と教えています。聖体祭儀を通して、「十字架上で（イエスが）一度血を流してささげたものが表わされ、その記憶が世の終わりまで続き、そ

---

6 『教会にいのちを与える聖体』12 項。

7 『カテキズム』1366 項。

の救いの力によって私たちの犯す罪がゆるされるのです」と記します。[8]

では、キリストが自らの記念としておこなうように弟子たちに指示されたこととは何だったのでしょうか。それは、単に最後の晩餐の出来事を形式的に繰り返すこと、故事を想起するだけの儀式などではありません。そもそもキリストが最後の晩餐で弟子たちに命じられたのは、「私が愛したように互いに愛し合いなさい」（ヨハ 13:34）ということでした。まさにそれはイエスの愛の記念としてミサを祝うこと、つまり常にキリストの愛に生かされ、また生きることにほかなりません。言いかえれば、私たちが弟子として、自らの生をキリストの奉献に一致させることによって、キリストが命をささげられた愛を記憶し、私たちが皆それぞの仕方で実践し伝え続けることなのです。

イエスの真の現存

聖体祭儀のもう一つの側面は、それがイエスの真の現存に等しいものだということです。前述したように、イエスは様々な形で（貧しい人々のうちに、彼のことばのうちに、諸秘跡のうちに、そして彼の名によって集められた２人あるいはそれ以上の人たちの祈りのうちに）ご自分を信じる者とともにいて下さいますが、イエスは聖体のうちにこそ、比類のないあり方で現存しておられます。イエス・キリストの御体と御血である聖体のうちに、彼の人性と神性が実体的に現存しているからです。聖体を通して「神であり人である全キリストが現存するようになる」[9]のです。

聖体は、単なるイエスの象徴ではありません。また、キリストは霊的に漠然とパンとぶどう酒のうちに存在しておられるわけでもありません。最後の晩餐のとき、イエスはパンとぶどう酒を取って言われました。「これはわたしのからだ……これはわたしの血の杯……」と。聖体を単に神聖な象徴あるいはイエスの「形見」と見なす他のキリスト教共同体とは異なり、カトリック教会は、ミサの聖変化において司祭がこれらのイエスのことばを唱えるとき、祭壇上のパンとぶどう酒は真のキリスト

8　同上。

9　『カテキズム』1374 項。

の御体と御血に変化するということを明確に主張します。

この変化を説明するために「全実体変化（transsubstantiatio）」という神学用語が用いられますが、それはパンとぶどう酒が聖変化によって、いかにして「パンの全実体が私たちの主キリストの実体となり、ぶどう酒の全実体がその血の実体に変化する」[10]のかを説明しています。

しかしながら、この変化はいわゆる化学変化ではありません。外観はまったく感覚的に捉えられるパンとぶどう酒の形色そのままです。ホスチアは依然としてその見かけがパンのようであり、味もパンのようで、感触もパンのままです。そして、カリス（聖杯）の中には、あらゆる感覚において普通のぶどう酒と思われるものが入っています。パンとぶどう酒の化学構造は全く変わっていません。しかし、これらの形色をもった聖体のうちに、私たちのために命をささげ復活されたイエスの御体と御血が現実に存在しているのです。

イエスご自身、聖体に関して教えられた際に、いかにして私たちが彼の御体と御血にあずかるのかを教えるために、深い現実味のあることば遣いをされました。イエスは、最後の晩餐の席で、パンとぶどう酒がご自身の体と血である（「これはわたしの体……これはわたしの血……」）と話されたのですが、それだけでなく、聖体についての非常に広範な教えを述べられたときには、実際に彼の肉を食べ、その血を飲まなければならないということも語られたのです。

聖体祭儀の中でイエスのまことの体（肉）を食べ、まことの血を飲む行為がいかに重要なことであるか、イエスは次のように教えられました。「よくよく言っておく。人の子の肉を食べ、その血を飲まなければ、あなたがたのうちに命はない。わたしの肉を食べ、わたしの血を飲む者は、永遠の命を得、わたしはその人を終わりの日に復活させる。わたしの肉はまことの食べ物、わたしの血はまことの飲み物だからである。わたしの肉を食べ、わたしの血を飲む者は、わたしのうちにとどまり、わたしもまたその人のうちにとどまる」（ヨハ 6:53-56）と。

初期キリスト教神学者であったエルサレムのキュリロス（チリロ）は、聖体がまことにご自身の体と血であると言われたイエスのことばを信じ

---

10 『カテキズム』1374 項。

るよう、キリスト信者を鼓舞しました。「パンとぶどう酒を単にそのままの素材として理解してはいけません。というのも、主がそれらをご自身の体であり血であるとはっきりと言われたからです。感覚からするとそうではないかもしれませんが、信仰がこのことを保証してくれます」。[11]

来たれ、来たれ、インマヌエル

イエスの聖書的呼称の一つに「インマヌエル」[12]があります。これは「神は私たちとともにおられる」（イザ 7:14; マタ 1:23）という意味です。イエスは神の御ひとり子であり、人となり（受肉し）、私たちのうちに住んでおられます。イエスは、私たちのそばに留まることを望まれたがゆえに、彼が聖体のうちに秘跡的な仕方で現存するという賜物を私たちに与えて下さいました。こうしてイエスは、世界中でミサが執りおこなわれるたびに、またあらゆるミサの中で、インマヌエル（神は私たちとともにおられる方）であり続けます。この賜物を当たり前のように考えてはなりません。森羅万象の中で最も驚くべき出来事が、ミサがささげられるたびごとに起こっているのです。つまり、神の御ひとり子ご自身が祭壇の上においでになり、私たちのただ中に留まって下さるのだということです。信じる者にとって、ミサはキリストとの出会いそのものであり、聖霊の交わりにおける御父との円居（まどい）の実現なのです。

11　『教会にいのちを与える聖体』15 項にある引用。ここでは、この回勅の日本語訳からではなく、スリの原書の英訳の回勅の引用部分を日本語に翻訳し本文に掲載しています。

12　この名は、イザ 7:10-17 を背景に、ユダ（南ユダ王国）を救うべく神から遣わされる子どもに与えられた名です。紀元前 735 年に、ユダはイスラエル（北イスラエル王国）の王であるレマルヤの子ペカとアラムの王レツィンの同盟軍に脅かされていました。そうした中、ユダの王アハズはアッシリアの救援を求めようとしましたが、イザヤはこの同盟が頓挫することをアハズに示すため、奇跡（しるし）を王に示します。しかし、アハズは頑なになり、イザヤのことばを受け入れようとしませんでした。そこで、イザヤは主なる神のしるしとして、乳と蜜に養われるであろうひとりの幼子の誕生をアハズに告げ、レマルヤの子ペカとレツィンの同盟が必ずアッシリアの脅威にさらされると預言します。その子の名こそ、「インマヌエル」でした。イザヤは、アハズにこの名を持つ幼子の誕生によってダビデの家の将来を約束しようとしたのです。

しかし、私たちとともに留まりたいという神の望みは、そこで終わるものではありません。イエスの現存は、ミサ以外のときでさえも、神聖な形色が存続する限り、聖体の形色のうちに留まり続けます。こういうわけで、カトリック教会ではことごとく、聖体は聖櫃（tabernaculum: 幕屋をも意味する語）と呼ばれる神聖な場所に保存されなければなりません。私たちは、聖櫃のうちにおられる私たちの主をあがめる表現として、片膝をつくことによって、あるいは他の何らかの聖なるしぐさによって（日本では深くお辞儀をして）、聖体の中のキリストの現存をあがめます。

また私たちは、ミサ以外のときに教会や聖体礼拝堂で聖体のうちにおられるイエスとともに時間を過ごすよう努めるべきです。聖体において現存されるキリストとの親密さは、私たちの魂に大きな力と慰めをもたらしてくれるはずです。聖アルフォンソ・リゴリは、これがいかに私たちにできる最も重要な信仰実践の一つであるかを説いています。「あらゆる信心の中で、いとも聖なる秘跡（聖体）のうちにおられるイエスを礼拝する信心は、他の諸秘跡とは比べようもないものです。それこそ父なる神にとっては唯一最も愛すべき存在、私たちにとっては唯一最も助けとなる方だからです」。[13] 教皇ヨハネ・パウロ２世は、「私たちが聖体における主の現存のうちに憩うとき、あたかも私たちは、最後の晩餐のときにイエスの胸に寄り添った最愛の弟子のようになるのだ」と教えました（『教会にいのちを与える聖体』25 項参照）。

世界中のあらゆる聖櫃の中で、イエスはインマヌエル、すなわち「神は私たちとともにおられる」その方であり続けます。いとも聖なる秘跡（聖体）のうちに、パレスチナ中の通りを廻り歩き、病める者を癒し、人々に悔い改めを呼びかけ、彼らに罪のゆるしを与えられたあのイエスと私たちは出会うのです。そして聖体のうちにおられるイエスは、癒しのわざ、ゆるしのわざ、全世界のあがないのわざを続けておられるのです。

まさに今、イエスは聖体という秘跡のうちに私たちに会いに来て下さ

13　アルフォンソ・リゴリ『聖体訪問と聖母訪問』より（*Visite al SS. Sacramento e a Maria Santissima,* Introduction: Opere Ascetiche [Avellino, Italy: 2000], p. 295）、〔日本語翻訳書『聖体訪問と聖母訪問』はレデンプトール修道会より発行〕また『カテキズム』1418 項も参照。

います。イエスは、私たちがご自身に近づくことを望まれ、ご自身がまさに2000年前に神の民のためになさったのと同じように、私たちの生活の中で大いなるわざを今もおこないたいと思っておられるのです。

しかし、そのためには、私たちがイエスに向かって行かなくてはなりません。そして、心から彼を信じなくてはなりません。教皇ヨハネ・パウロ２世は、イエスが私たちに聖体のうちに現存なさるご自身を訪れてほしいといかに強く願っておられるかを特筆しています。「イエスは、この愛の秘跡のうちに私たちを待っています。私たちは、信仰にあふれた礼拝と観想において、イエスに出会うために時間を惜しんではなりません。……私たちのこの礼拝が、決して途絶えることがありませんように。」[14]

聖なる主との交わり、新しい契約

新約聖書は、イエスが私たちの罪のためにカルワリオ（ゴルゴタ）の丘でいけにえとなった過越の小羊だと啓示しています（1コリ 5:7-8; 1ペト 1:19; 黙 5:6 参照）。しかしながら、ユダヤ教の他のいけにえの儀式と同様に過越祭において動物を殺すだけでは不十分でした。いけにえにささげられた小羊を食べることは、過越祭の祝いの不可欠な構成要素でした(出 12:8-12 参照)。いけにえをささげた後に、共同体の食事(会食)が続きました。それは、契約を締結したことを表わし、その参与者たちと神との間の交わり(communio)を作り上げる分かち合いの食事でした。

このことには、聖体祭儀を交わり、一致として理解する上で重要な意味が含まれています。イエスが私たちの罪のためにいけにえとしてささげられた新しい過越の小羊であるなら、十字架上の彼のいけにえに交わりの食事が伴うであろうことは自然な成り行きのように思われます。つまりそれは、私たちが神のまことのいけにえの小羊、イエス・キリストをいただく食事のことです。そのことを聖書的な観点から見れば、イエスがいけにえとなられたがゆえに、そこに交わりの食事があると言って

14　教皇ヨハネ・パウロ２世の書簡『聖体の秘義と礼拝について―教会の全司教にあてて―』３項（*Dominicae Cenae*：*AAS* 72 [1980] p.119)、『カテキズム』1380項にその引用があります。

もよいのかもしれません。これは、いけにえと交わりという、聖書に典型的な組み合わせの帰結と言えるでしょう。

パウロは、コリントの信徒への第一の手紙の中で、こうしたユダヤ的ないけにえとの交わりの観念を反映した見方に私たちを導いています。彼は、次のように教えました。「キリストは、私たちの過越の小羊として屠られたのです。だから……祭りを祝おうではありませんか」（1コリ 5:7-8）と。

キリストのいけにえが、過越祭の食事のうちにその頂点を見出すものとして理解されているかに注目して下さい。その後の箇所で、パウロは、過越祭の食事をいかなるものと考えているのか明らかにしています。すなわち、それこそが聖体祭儀なのです。パウロは、同書11章で最後の晩餐のときに聖体を制定されたイエスのことを語っており、10章ではキリストの御体を食べ御血を飲むことによって築きあげられる深い一致について述べています。「私たちが祝福する祝福の杯は、キリストの血との交わり（communio）ではありませんか。私たちが裂くパンは、キリストの体との交わり（communio）ではありませんか。パンは一つだから、私たちは大勢でも一つの体です。（それは、私たち）皆が一つのパンにあずかるからです」（1コリ 10:16-17）。こうして私たちは愛のうちに神と人々と一つになるのです。

カトリック教会が聖体拝領を聖体礼拝の頂点と捉えてきたことは、『カテキズム』が教えているとおり少しも不思議ではありません。「感謝のいけにえの祭儀は、聖体拝領（communio）によるキリストと信者たちとの親密な一致に向けられたものです。聖体拝領とは、私たちのために命をささげられたキリストご自身をいただくことです」。[15]

実際に、聖体拝領は、私たちが神とともに持つことのできるこの世での最も深い永続的な一致です。キリストは、ミサのときには私たちの祭壇の上に秘跡的に来て下さり、ミサ以外の時には聖櫃の中で私たちのために常に現存しておられます。このことは、実に畏怖の念を駆り立てます。しかし、私たちと一致したいという主の望みは、それをはるかに越えるものです。私たちが聖体を拝領するとき、私たちの主は私たちの体

15 『カテキズム』1382 項。

の中に入られ、そのような最も親密な一致のうちに私たちの魂と交わって下さいます。

主が聖体拝領の後に私たちのうちにお住まいになるときこそ、私たちの最大の注意を彼に注ぐべき時です。私たちは、教会の自分の席に戻ってから、主に私たちの心を注ぎ出すべきです。それは、主を愛し、主に感謝し、心からの望みと願いとを主と分かち合うことだからです。聖体拝領後のこの瞬間に、私たちは、９ヵ月の間、自らの胎に神であり人である方を宿したマリアのようになるのです。これは何と言う神秘でしょうか、マリアをお造りになった方、彼女を救う方が、彼女の胎に宿られたとは！　さらに、私たちが主の御体と御血をいただくとき、程度の差こそあれ、マリアに起こったことが私たちのうちにもこの秘跡によって起こるのです。[16] 私たちは、神であり人である方の現存を宿す、生ける聖櫃となります。他の信者の服装をうかがって周囲を見回したり、その日の午後遅くにおこなわれるフットボールの試合のことを考えたり、教会の駐車場からいち早く自分の車を出す対策を思い巡らしたりしている場合ではありません。聖体拝領後のひとときは、私たちのうちに住まうために、深い愛をもって来て下さった私たちの主とともに憩うべき時なのです。

ところで、キリストがご自身をいけにえとしてささげられた新しい過越の契約の中身とは何だったのでしょうか？ それは旧約に示された神と民との契約、救いの約束をある意味で集約し完成させるものです。最後の晩餐において主は、ご自分が私たちを愛しているように私たちも互いに愛し合うように、ご自身の愛にとどまるように、と命じられました（ヨハ 15:12, 15:9-10 参照）。それは、私たちが主の愛に生きることこそが、私たちにとって主と一致するため、永遠の命に達するため、そして世の救いのための要だからです。この契約を履行するために、すなわち私たちが主と同じ愛に生きることができるために、私たちはまず愛そのものである主と出会い、一つに結ばれる経験を必要としています。私たちは、主が残されたこの愛の記念を、自らを神と隣人にささげることで終わりの日まで実践し続けるよう招かれているのです。

---

16 『教会にいのちを与える聖体』55 項。

定期的に聖体を拝領することは、私たちの人生にすばらしい影響を与えてくれるはずです。[17] 聖体をいただくことによって、私たちは、自分の弱さと罪に打ち勝ち、自らが信仰者として決意する召命に導かれ、試練や苦しみに遭うときに支えられ、また私たちが聖性のうちに成長できるように助けていただけるはずです。

まさに私たちは、聖体となられたキリストの御体と御血によって養われ、私たちのうちに住まわれるキリストの命、神の愛によって徐々に変えられていきます。現代風の言い方をすれば、ある意味で、私たちは自らが食べているものになるのです。そのことは、かつて教皇レオ１世が主張したとおりです。「私たちがキリストの体を食べ、その血を飲む目的は、私たちが食べて飲むものに変化することです。また私たちはすでにキリストにおいて死に、葬られ、復活したのですが、それは常にキリストを私たちの霊と肉のうちにまとうことに他なりません」。[18]

キリストによる派遣

聖体祭儀は、古くは「パンを割く式」などと呼ばれていましたが、4，５世紀くらいからMissa（ミサ）という名称で呼ばれるようになりました。それは、その頃からミサの最後の派遣のことばとなったIte, Missa est（イーテ、ミッサ　エスト）に由来すると言われています。これは「あなたがたは行きなさい」「終わりです」ないし「派遣されました」とも訳せます。まさにミサはキリストによる派遣（missio）と繋がっているのです。

復活されたイエスは、使徒たちに「父が私をお遣わしになったように、私もあなたがたを遣わす」（ヨハ 20:21）と語られました。御父は、私

17　カトリック信者は、主日ならびに守るべき祝祭日のミサへの参加が求められます。聖体を拝領することは、主日ならびに祝祭日ごとに、また毎日でさえも強く勧められています（『カテキズム』1389 項）。しかし、聖体を拝領する者は、恵みの状態になければならず、そのため「ふさわしくない」状態でそれをいただくことを避けなければなりません（１コリ 11:27-29 参照）。大罪を犯したことを意識している人は、聖体拝領の前にゆるしの秘跡を受けなければなりません（『カテキズム』1385 項）。

18　教皇レオ１世『説教』63 番（*Sermo* 63），Matthias Scheeben, *The Mysteries of Christiany* (St. Louis: Herder and Herder, 1964)，pp. 486-7 において英訳されています。

たちを罪から解放し、永遠の命にあずからせるために、御子を世にお遣わしになりました。私たちは、聖体祭儀によってキリストに深く結ばれて、この世界へと派遣されていきます。それは神の救いの神秘を世界にもたらすために、主がご自分の民を派遣するということを意味しています。ミサでの体験を通して、私たちはまさに「地の果てまで、私の証人となる」（使 1:8）というみことばをこの世において生きる者となるのです。この世において神の愛の神秘を「証する者」（＝殉教者）として生きることこそが、私たちがミサを祝う目的なのです。

教皇フランシスコは、2019 年 10 月を「福音宣教のための特別月間」とすることを定められました。[19] それは、教皇ベネディクト 15 世の使徒的書簡『マキシムム・イルド』[20] 公布 100 周年を記念して、教皇が全教会に向けて福音宣教のための特別な期間とするように呼びかけてのことでした。かつて教皇ベネディクト 15 世は、「諸国民への宣教」（Missio ad Gentes）をスローガンにして、一度は死んで復活したキリストによる救いを第一次大戦後の苦しみに喘いでいる全世界の人々に伝えようとしたのです。

こうした呼びかけに応えて、日本の司教団も福音宣教に創造性をもって取り組んでいくことを表明しました。その中の一つで、福音宣教の第一の動機は、そもそも私たちがイエスから愛を受けているからだとして [21]、その愛を受け救いの喜びに生かされるために「秘跡、特にミサにおけるイエスとの人格的な出会いの恵み」を大事にするよう、司教団は勧めました。イエスの愛を知り、それに生かされている者は、その喜びを自分の内奥だけに留め置くことはできません。おのずと外へ広がり、誰にでも知らせ伝えたいという衝動に駆られるものです（1 コリ 9:16

19　これは、2019 年の教皇フランシスコによる「世界宣教の日」のメッセージ（2019 年 10 月 20 日）の中での教皇自身の呼びかけです。

20　教皇ベネディクト 15 世、使徒的書簡『マキシムム・イルド *Maximum illud*』，（1919 年 11 月 30 日）。

21　日本の司教団は、日本の全カトリック信徒に向けて出したメッセージ「ともに喜びをもって福音を伝える教会へ『福音宣教のための特別月間』（2019 年 10 月）に向けての司教団の呼びかけ」（2019 年 3 月 17 日）において、教皇フランシスコの使徒的勧告『福音の喜び *Evangelii Gaudium*』（ 2013 年 11 月 24 日）の 264 項を参照しています。

参照)。これこそ、福音宣教の原動力であり、聖体をいただいてイエスと人格的に交わる喜びを生きている者から出て来る行為です。

ここまで私たちは、いけにえ、真の現存、交わり、派遣であるミサについて考察してきました。この基本的な背景の理解を出発点として、いよいよこれから、ミサのさまざまな部分を巡る聖書的散策を始めましょう。

第2部

開祭の儀

キリストと教会のわざである典礼

神の民の集い

ミサ式次第の冒頭は、「人々が集まると、司祭は奉仕者とともに入堂する。その間、入祭の歌が歌われる……」というルブリカ（rubrica: 朱字の説明書き）で始められています。これは、ミサを始めるためには、まず信じる者が一つに集うことが必要だということを端的に意味しています。まさに主イエスが言われたとおり、「二人または三人が私の名によって集まる」（マタ 18:20）ことからミサは始まるのです。信者は皆、喜びや苦悩を味わっているこの世の生活から主キリストと出会う体験を求めて家を出、教会に集います。「感謝のうちに御前に進み、賛美とともに喜びの声を上げる」（詩 95:2）ために。

そもそもミサを含む教会の「典礼」（liturgia）ということばは、「民の働き（奉仕）」を意味するギリシア語に由来します。[22] すなわち典礼とは「神の民」である全教会の奉仕のわざのことです。つまるところ、それこそが教会におけるキリストの祭司職の実現なのです。

ここで注意が必要なのは、全教会ということばは、今現実に地上に存在する個々の教会共同体の集合という意味を越えた概念、つまり歴史的・空間的な感覚を越えた天上・地上すべての信じる者の集い、聖徒の交わりとしての聖なる・普遍の・唯一の使徒的な教会として捉えるべきだということです。教会法第 369 条が言うとおり、「自らの牧者によって福音とミサをとおして聖霊において集められた部分教会に、唯一の聖なる普遍の使徒的なキリストの教会が真に現存しかつ活動する」のです。

22　「典礼」を意味するラテン語の Liturgia は、ギリシア語の動詞 Leitourgeô から派生した名詞 Leitourgia と関係があります。元来その動詞は、排他的に「宗教儀式に仕えること」を意味し、聖書において祭司あるいはレビ人に対して使われていました。それゆえ、その名詞は「儀式の中での奉仕」を指すのに用いられるようになりました。

天上の礼拝とともに

この神の民の集いである典礼において、盛式な祭儀では、十字架と香炉を奉持した侍者に続いて７本のろうそくを携える７人の白衣をつけた侍者を先頭に（同時に祭壇上に７本のろうそくを置いて）、聖書奉持者、助祭、司祭そして主司式司祭ないし司教が入堂します。この所作には聖書的な起源があります。

ヨハネの黙示によれば、天上の礼拝において神の玉座の前に集う聖徒は皆、命をかけて信仰を守り抜いたがゆえに神の小羊の血で洗われた白い衣を身につけており（黙 7:9-17）、さらに７つの金の燭台の真ん中を進む神の小羊・キリストが描写されています（黙 1:12; 2:1）。

この７つの燭台はエルサレム神殿の至聖所に置かれていたメノラー[23]と呼ばれる燭台と関連しており、その灯火は聖霊の賜物、信仰の光、神の恩恵を表わしていると解されます（黙 3:1 他）。さらに黙示録は、天上の礼拝においても、モーセの会見の幕屋、そしてエルサレムの神殿と同様に、24 人の長老たち（24 人とはエルサレム神殿で奉仕した祭司の数）が香を携えている様子、そして天使たちがその煙を聖徒の祈りとともにみ前にささげている様子を伝えています（黙 5:8, 8:3-5）。

そのように祭儀における献香は、灌水と同様、清めや聖化を祈る所作でもありました。同時に香の煙や聖所を覆う雲は、イスラエルの人々にとっては神の臨在の象徴でもあったのです（出 40:34-38, 列上 8:9-13 等参照）。

こうしてみると、私たちのミサにおける所作は、聖書が啓示するこうした天上の礼拝のビジョンを表現したものであることに気づきます。実際、黙示録の中で主の祭壇の前に集う無数の人々が身に着けている白い衣こそ、私たちすべてのキリスト信者が典礼で身に着ける共通の祭服（アルバ）なのです。実は洗礼式のときに、私たちが身に着ける白い衣がこれです。白い衣は、信仰者がキリストに似た者とされたことを意味します（「キリストを身にまとう」というロマ 13:14 を参照）。私たちが身に

23　メノラーは基軸となる中心の燭台から、両脇に３本ずつ枝分かれした燭台のことを言います。したがって、中心に１本、片側に３本ずつありますから全部で７本ということになります。

着ける白い衣は、私たちがタボル山でペトロたちに示された栄光に輝くあのキリストの聖性にあずかる者とされたことを意味しています。

司祭はこのアルバの上に祭司の象徴であり、また十字架にあげられたキリストを象徴するストラ、そして永遠の命と真理の輝き、神の栄光を表わすカズラをつけて、十字架のキリスト像とともに黙示録のビジョンと同様に７本の蝋燭の火の間を祭壇に向かって進みます。

このように神の民は、屠られ復活したキリストを迎えて、ミサを始めるのです。ミサは、天上の天使、聖人が歌う声に呼応する形で歌われる入祭の歌に表わされているとおり、真に喜ばしい時であり、神と人、人と人とが一致するまさに祝いの宴です。復活の命に新たに生まれた者が歌う歌は、詩編が言うように常に「新しい歌」（詩 33:3; 96:1; 98:1; 144:9; 149:1; 黙 19:1-6）です。それゆえ「主に新しい歌を歌え。忠実な人々の集いで賛美の歌」（詩 149:1）を歌おうではありませんか。

そして前述したようにミサのはじめに香を焚くことは、聖書的な観点にもとづいて言うならば、私たちの祈りや心からのささげ物を神のみ前に丁重に差し出すことを意味する（詩 141）と同時に、ともに祈る私たちの集いの只中に神が臨在することの象徴でもあるのです。

キリストと全教会のわざ

教会の典礼の真の主役は、言うまでもなく主キリストです。司祭はあくまでも秘跡的な仕方でその象りとして奉仕する存在であって、真の典礼の主ではないのです。[24] それゆえ教会の典礼において司祭や特定の信者だけが特権的、独裁的であるといったようなありようは、教会として決して望ましいものではありません。確かに司祭は、信者の世話をし、教え、聖化する役割を特別な仕方で担っています。しかしその役務は、「愛の務め（amoris officium）」[25] にもとづくもの、「奉仕のために与えられ

24　司祭が秘跡を執行するときは、キリストになり代わって（in Persona Christi ＝キリストの位格において）おこなうことをカトリック教会は強調します。

25　アウグスティヌス『ヨハネ福音書講解』、教皇ヨハネ・パウロ２世、使徒的勧告『現代の司祭養成 *Pastores dabo vobis*』24 項参照。

た権威」[26]にもとづくものにほかなりません。教会とは、聖職者だけが意のままに教え命令し、信徒はただ単に受け身の姿勢でいればそれでよいというような、まるで中世の封建時代のような主従関係から成り立つ組織ではないことは第二バチカン公会議が明示したとおりです（『教会憲章』２章および３章参照）。

つまり神の民としての交わり（communio）である教会においては、すべての信者が各人各様に自らの聖性という輝きを身にまといながらともに集い、キリストの体の建設のために、互いに祈りの心で積極的に神に向かって奉仕し合うことこそが肝心なのです。司祭、信徒、修道者、老若男女すべての信者が、皆それぞれ果たすべき役割を積極的に実行して互いに仕え合うことで、まさに活き活きとした神の民全体の働き（奉仕）、つまり典礼的共同体としてのありようを形作ります。典礼とは、死と復活を通して示されたキリストの救いのみわざを聖霊の働きのうちに実現する教会の行為そのものなのです。

この意味において典礼は、秘跡を挙行する個々の「儀式」（ritus）とはことばの上でも区別される、より広範な概念であることが分かります。また教会の典礼は、信じる者がすべて、神の臨在のもとに神とその教会の名においておこなうものであることから、個人的なものではなく必然的に共同体的なものなのです。それはまさに、神とすべての信じる者とが、個々の祭儀や共同体的営みにおいて、愛のうちに一つになるものだからです。これが新約聖書で信じる人々が一つとなって、「神に選ばれた聖なる民、神に仕える祭司」（１ペト 2:5; 2:9; 黙 1:5）である共同体を構成していると説明される所以（ゆえん）です。それゆえキリスト信者は、ミサ聖祭において単にそれぞれが聖体にあずかって、信者個人として義務を果たしたからというだけで安心してよいものではありません。ミサにおいて同じ主の体を分かち合ったすべてのキリスト信者は、現実の生活において身も心も主と一致して、聖なる主の神秘体を構成して世の救いのために生きていくよう招かれているのです。

26　教皇ヨハネ・パウロ２世、新教会法典公布のための使徒憲章『サクレ・ディシプリーネ・レージェス』および『教会憲章』20 項を参照。

1. 十字架のしるし

In nomine Patris, et Filii, et Spiritus Sancti
父と子と聖霊のみ名において[27]

「私たちは十字架につけられたキリストを宣べ伝えます。すなわちユダヤ人にはつまずかせるもの、異邦人には愚かなものですが、ユダヤ人であろうがギリシア人であろうが、召された者には、神の力、神の知恵であるキリストを宣べ伝えているのです。」（1 コリ 1:23-24）

ローマ時代、十字架は重罪人、特に政治的犯罪人や人民を惑わす動乱を企てた者たちを処刑するための、もっとも忌み嫌われた処刑方法でした。それゆえ当時は、十字架のしるしを今日のようにファッションとして身に着けることなど考えられないことでした。しかし、キリスト信者にとって十字架のしるしは、パウロが言うとおり、神の力、神の知恵であるキリストを象徴的に表わすしるしです。

キリストは十字架上で死ぬことによって、私たちのあがない（罪の支配からの解放）、私たちに対する限りない愛のしるしとなられました。ですから十字架は、私たちを死から永遠の命へと復活させる大いなる恵みの表現でもあるのです。それは父なる神が、人類を御ひとり子によって救うことを望まれ、彼のあわれみといつくしみを御子の死によって私たちに示されたからです。

また十字架は、神と私たちの間に、さらには私たちの間にあったあらゆる敵意を取り除いて、真の平和をもたらす和解のしるし（コロ 1:20;

27　ラテン語原文は in nomine… であり per（〜によって、〜を通して）ではありません。これは厳密には三位の神のみ名の「うちに」、あるいはみ名の「中で」、み名「において」という意味です。この意味において、十字架のしるしに伴うことば「父と子と聖霊のみ名において」は、私たちが、三位の神の力のうちに、神の支配の中で、あるいは神の保護の下で、神に結ばれて祈るということを示していると言えるでしょう。

エフェ 2:16）にもなりました。それゆえキリストを信じる者は、パウロが「私たちには、私たちの主イエス・キリストの十字架のほかに、誇るものが決してあってはなりません」（ガラ 6:14）と言っているように、人類をあらゆる悪の力から解放して真の平和に導いて下さったキリストの十字架だけを誇ります。

こうしてキリストが弟子たちに命じているとおり、信じる者は自ら十字架を担うことを大きな誇りとして、イエスの後に従うことができるのです（マタ 10:38）。

それゆえ典礼における十字架のしるしは、単に祈りを始める所作ではありません。実に十字架それ自体が、信仰を表わす根本的なしるしであり、証であり、また力強い祈りであって、私たちの生活に計り知れない恵みを注いでくれるものなのです。

十字を切る（十字架のしるしをする）ときはいつでも、ミサの時であっても、個人の信心業であっても、このしるしをするたびに神の力と加護が与えられると理解されていたキリスト教の初期時代にまで遡る一つの聖なる慣習に、私たちは参与しているのです。

このしるしをしながら、私たちは神の現存を祈り求め、また私たちを祝福し、助け、そしてあらゆる災いから守っていただくために神を招きます。初期キリスト信者たちは、頻繁に十字架のしるしをしながら、その十字架のうちに秘められた力を引き出したいと望んでいたと言っても何ら驚くべきことではありません。

たとえば、神学者テルトゥリアヌス（紀元 160 － 225 年頃）は、一日中、十字架のしるしを自分にしていた信仰者たちの日常的慣行について以下のように述べています。

> 旅行や何らかの活動をするときはいつでも、帰宅するとき、外出するときはいつでも、また靴を履くとき、入浴するとき、食卓につくとき、明かりをつけるとき、横になるとき、座るとき、またいかなる仕事をするときも、私たちは額に十字架のしるしをするのです。[28]

28　テルトゥリアヌス『兵士の冠について』30 項（木寺廉太訳『テルトゥリアヌス 4　倫理論集』［教文館、2002 年］291 ページ）。

別の初期キリスト信者たちは、十字架のしるしは、神に忠実な民を区別し、魂が誘惑と戦うときにそれを助け、自分たちをすべての悪から守り、さらに悪魔を恐れさせるものであると理解していました。

たとえば、ヨハネ・クリゾストモ（紀元 347 − 407 年）は、十字架のしるしに見出されるキリストの力を絶えず頼みとするように神の民に強く勧めました。

> 十字架のしるしをすることなく、決して家を出てはなりません。そのしるしは、あなたにとって杖であり、武器であり、堅固な要塞であるでしょう。あなたがその強力な鎧を身にまとっているのを見て、あなたをあえて攻撃しようとする人や悪魔などいないはずです。あなたは、この（十字架の）しるしによって（キリストの）兵士となり、悪魔と格闘する備えと正義の冠のために戦う備えとができていることをこのしるしから学びなさい。十字架が何をしたのか知らないのですか。死を打ち破り、罪を滅ぼし、地獄を空しくし、サタンを退け、森羅万象を立て直したのです。それでも、あなたはその力を疑うつもりですか。[29]

この〈初期キリスト信者たちが理解していたにもかかわらず、私たちには理解できていないこと〉とは何でしょうか。

私たちは、時にこの儀式的行為を単に惰性でおこない、またあまりに当たり前のことのようにしているかもしれません。しかし初期キリスト信者は、なぜそれほど日常生活の節目節目に十字架のしるしを熱心にしていたのでしょうか。

この点を考察するにあたり、私たちは十字架のしるしの起源を聖書に求める必要があります。この祈りの意味を理解すればするほど、私たちが十字を切って、「父と子と聖霊のみ名において」と唱えるたびに、とりわけミサの初めに、神が私たちのために蓄えておられる霊的な宝を、私たちは（ミサに向けた）善い準備のうちにますます受けることになるのです。

29　ヨハネ・クリゾストモ『洗礼志願者のための教理講話』2, 5.

エゼキエルのしるし

十字架のしるしには、２つの重要な側面があります。すなわち「実際に、私たちの体に十字を切ること」と、「この動作の間に私たちが唱えることば」です。まず、しるしそのものについて考察してみましょう。

十字架のしるしをするという儀式的行為は、聖書にその起源があります。特に、ある教父は、十字を切るキリスト信者の実践が旧約聖書のエゼキエル書に前表として示されていると考えました。エゼキエル書の中では、額に記された不思議なしるしが、神の加護のしるしとして、また善人を悪人から区別する目印として使われています。預言者エゼキエルは、エルサレムの多くの指導者たちが主の神殿で太陽や他の偶像を礼拝し、その地が暴虐で満たされている幻を見ました（エゼ８章）。彼らが神との契約に不忠実であったがゆえに、町は罰せられ、民は捕囚の身となったのです。

しかしながら、エルサレムのすべての住民が、その町の悪の道に追従したわけではありませんでした。エルサレムの醜態にため息をついて呻き、神に忠実であることを選んだ人々もいたのです。こうした正しき者たちには不思議なしるしがつけられました。すなわち、Xあるいは十字の形をしたヘブライ語文字の *tahv*（ת）が、彼らの額に記されたのです。この霊的なしるしは、彼らを精神が堕落した他の人々から区別することができ、神の加護の印になっていたものと思われます（エゼ 9:4-6）。最初の過越のときに、神がエジプトに下した罰からイスラエルの一族を守った戸口の柱に塗られた血のように、エゼキエル書９章に出て来るこの額のしるしは、神の裁きがエルサレムの町に下るときに、その町にいた正しき者たちを守ったのでしょう。

新約聖書に登場する聖なる者たちにも、類似したしるしが押されています。エゼキエル書に出て来るのと同じ描写を用いて、ヨハネの黙示は、天上の聖なる者たちが額に刻印を押されていることを記述しています（黙 7:3)。エゼキエルの時代のように、このしるしが神の正しき者たちを邪悪な者たちから切り離し、来たるべき裁きから彼らを守っているのです（黙 9:4)。

キリスト信者が、エゼキエル書に由来するしるしに、十字架のしるしの予表を見ていたことは驚くべきことではありません。ちょうどエゼキエルの時代の忠実な人々が額に記された十字架のようなしるしによって守られていたように、キリスト信者は自分たちの体にキリストの十字架のしるしをすることによって守られます。

そして、このしるしをすることには、実にすばらしい重要な意味があります。聖書的な観点からすると、私たちが自分たちの体に十字架のしるしをするたびに、２つのことをおこなっているのです。

第一に、私たちはこの時代にあって堕落したこの世に迎合することはないという意思を表明しています。エゼキエルの時代のように、神の民の中には、この世界に溢れる虚しい生き方に従いたくはないという人々が大勢います。貪欲、利己主義、孤独、問題に満ちた結婚生活、そして崩壊した家庭がその特徴と言える私たちの時代に、十字架のしるしをすることによって、私たちは、この世が提示する規範ではなく、キリストが示す規範に従って生きる約束を確固たる決心をもってすることができるのです。世俗は、金、快楽、権力、娯楽を良い暮らしの本質的しるしとして掲げますが、キリスト信者は、カルワリオ（ゴルゴタ）の丘でキリストがいけにえとなったその愛、つまり十字架のしるしに象徴される愛にのみ見出される真の幸福に通じるより高潔な生き方を求めます。

第二に、私たちが自ら十字を切るとき、私たちは、神が私たちの生活を守って下さるように祈り求めます。私たちは十字架のしるしをしながら、すべての害悪から私たちをお守り下さいと神に願い求めているのです。幾世紀にもわたって、多くのキリスト信者は、誘惑と戦う強さを求め、十字架のしるしに依り頼んできました。苦しみや大きな試練のただ中で、神の助けを捜し求めてそのようにしてきたキリスト信者もいました。多くの親は、主が我が子を祝福し守って下さるように祈り求めながら、彼らの額に十字架のしるしをします。

エルサレムのキュリロス（チリロ、紀元315年頃－386年）は、十字架のしるしの２つの次元、すなわち分離の側面と保護の側面を特筆し、その儀式的行為を「信じる者たちの記章」、また私たちに害を加えようとする「悪魔にとっての恐怖」と呼んでいます。

> 私たちのしるしとして、指で額に十字を大胆に切りましょう。そしてあらゆる機会に、私たちが食べるパンの上に、私たちが飲む杯の

> 上に。帰宅するときと外出するときに。眠る前に。横になるときと起き上がるときに。どこかへ行く途中で、そしてじっとしているときにも。十字架のしるしは、強力な守りの手段です。それは神からの恵みであり、信じる者たちの記章であり、悪魔にとっての恐怖だからです。……悪魔が十字架を目にするとき、十字架にかけられた方のことを思い出し、「竜の頭を砕かれた」方を恐れるからです。[30]

私たちは、自分に十字を切る儀式的行為がいかに聖書に起源を持っているかを見てきました。では次に、私たちが唱えることば（これもまた聖書に深く根ざしているもの）について考察しましょう。

神のみ名の力

十字架のしるしをしている間、私たちは神のみ名を呼び求め、「父と子と聖霊のみ名において」(in nomine Patris, et Filii, et Spiritus Sancti) と言います。聖書において、主のみ名を呼び求めることは礼拝を意味し、しばしば祈りといけにえに結び付けられます。それは、主に従った最初の人々の間で見られたいにしえの実践です。アダムの子セトとその子孫は、主のみ名を呼び求めたと記されています（創 4:26)。偉大なる族長アブラハムは、神のために祭壇を築き、彼に約束された土地を清める際に、主のみ名を呼び求めました（創 12:8; 13:4; 21:33 を参照)。彼の息子イサクは、ベエル・シェバに祭壇を築いたとき、主のみ名を呼んでいます（創 26:25)。

聖書において、名前は、単にある特定人物のことに触れるときの平凡な道具ではありません。名前というものは、ある人物の本質を神秘的に表わし、その人物が持つ力を帯びています。それゆえ、神のみ名を呼び求めることは、その臨在と力とを願い求めることなのです。

このようなわけで、古代イスラエル人たちは、主をほめたたえ（詩 148:13)、主に感謝する（詩 80:18; 105:1）ためだけでなく、人生の中で神の助けを求める（詩 54:1; 124:8）ためにも頻繁に主のみ名を呼び求めました。

30　エルサレムのキュリロス『教話』13, 36.

同様に、私たちが神のみ名を呼び求めるときは常に、神の聖なる臨在を願い求め、日々直面する幾多の苦難の中で神の助力を求めているのです。詩編作者と同じく、私たちは、「私たちの助けは天と地を造られた主のみ名にある」（詩 124:8）ことをはっきり自覚しているべきです。

このことは、ミサのときにする十字架のしるしをかなり明確なものにしています。典礼の始めに、私たちは確実に自分たちの生のうちに神を招きます。私たちは厳かに主のみ名を呼び求め、神の聖なる臨在と力を願い求めます。それはまるで、私たちが自分たちの生活の一時間程度を主にささげ、ミサの中でおこなうあらゆることを主のみ名においておこなうと宣言しているかのようです。私たちは、自分たちがなすすべてのこと、すなわち私たちの考え、望み、祈りそしておこないを、自分においてではなく、「父と子と聖霊のみ名において」おこなうのです。さらに主を礼拝するときにその聖なるみ名を呼び求めたかつてのイスラエルの人々のように、私たちは恭しく神のみ名を呼び求め、神聖なミサの神秘を始める準備をしながら、主の助けを願い求めます。

新約聖書において、イエスの名はその聖性に等しく、また神のみ名の持つ力に等しいことが明らかに示されています。パウロは、その名を「あらゆる名にまさる名」（フィリ 2:9）と述べています。彼は、この名にはすべてのものをキリストに服従させる力があると言います。「イエスのみ名によって、天上のもの、地上のもの、地下のものすべてが膝をかがめ、すべての舌が『イエス・キリストは主である』と告白して、父なる神が崇められるためです」（フィリ 2:10-11）。

新約聖書の他の書もまた、このことを指摘しています。イエスのみ名によって病人は癒され（マコ 16:17-18; 使 3:6）、罪人はゆるしを得（ルカ 24:47; 使 10:43）、悪霊どもは駆逐される（ルカ 10:17）のです。

イエスご自身、ご自分の名を呼び求めるすべての者に応えると述べておられます。「私の名によって願うことは、何でもかなえてあげよう」（ヨハ 14:13; また 15:16; 16:23, 26-27 を参照）と。さらに「二人または三人が私の名によって集まるところには、私もその中にいる」（マタ 18:20）と言われているように、イエスの名によって集まる者たちは、その集いの中にイエスがともにおられるという幸いにあずかるのです。

これが、私たちがすべての祈り、特にミサの始めにおこなっていることです。すなわち、私たちは神の子のみ名において集います。私たちが信頼して自分たちの必要や願いを神のみ前で明るみに出すとき、私たちは自分の中にイエスがともにいて下さることを祈り求めているのです。ですから主のみ名をみだりに唱えることのないように、いつも敬虔に心から主に信頼して、その助けを願おうではありませんか。

丁寧に十字架のしるしをする

さらに、十字架のしるしにおいて、私たちは御子キリストにだけ関心を向けているのではないことを確認すべきです。私たちは、イエスが弟子たちに与えた偉大な任務、すなわち「あなたがたは行って、すべての民を私の弟子にしなさい。彼らに父と子と聖霊の名によって洗礼を授けなさい」（マタ 28:19 参照）という命令をしっかり思い起こして、父と子と聖霊のみ名を呼び求め、その任を果たしているのです。これが、まさに私たちが洗礼を受けるときに語られることばです。

洗礼のとき、私たちの魂は初めて聖なる三位一体の神の命で満たされました。私たちがすべてのミサの始まりにこのことばを繰り返すことによって、私たち自身の功によってではなく、神が洗礼のときに私たちに恵みとして授けて下さった超自然的な命によって、私たちは典礼の中で全能の神に近づいているのだという深い真実を認めるのです。

私たちは、自らの名において存在するのみならず、私たちのうちに住まわれる三位一体の神のみ名においても存在しています。また、私たちのうちに宿るこの神の命が成長するようにとも祈るのです。十字架のしるしをしながら、私たちは、より一層神と調和した生涯を送ることができるようにと、また神のみ名においてすべてをおこなうことができるようにと祈っているのです。

こういうわけで、私たちは十字を切るたびに、よく気を配り、畏敬の念を抱くべきです。この儀式的行為が意味するあらゆることを考えると、急いでいい加減に十字架のしるしをすることは避けるべきです。ロマーノ・グァルディーニ（Romano Guardini）は、かつて次のように記しました。

> 私たちが自分に十字架のしるしをするとき、本当の十字架をしるしましょう。その意味を意識しない小さな動作で終わらせることなく、

この行為がどのように、私たちのすべて、私たちの思い、私たちの態度、私たちの体と魂、私たちのすべての部分を同時に包み込むのか、どのように私たちを清めるのかを意識して、それを感じながら、額から胸へ、肩から肩へ、急がずゆっくりと大きな十字架をしるしましょう。何をしているのかをじっくり考えながら、大きく十字を切りましょう。それが、あなたの存在全体（体、魂、心、意志、思い、感情、あなたのすることとしないことのすべて）を包むようにし、また体全体に十字架のしるしをすることで、キリストの強さにおいて、三位一体の神のみ名において、あなたの全体を強め清めましょう。[31]

31　Romano Guardini, *Sacred Signs*（St. Louis: Pio Decimo Press, 1955）p. 14. ロマーノ・グァルディーニ『聖いしるし』（永野藤夫訳、天使館、2001 年）3 - 4 ページ参照。

2. 挨拶「主があなたがたとともに……」

Dominus Vobiscum	主があなたがたとともに。
-Et cum spiritu tuo	また、あなたの霊とともに。

聖書的な観点からすると、「主があなたがたとともに（おられますように）」（Dominus vobiscum）は、単なる普通の挨拶などではありません。これは、司祭が「みなさん、おはようございます」と言い、信者たちが「おはようございます、神父さま……」と返す世間一般のやりとりとはまったく次元の異なるものです。仮に、私たちがこれらのことばの聖書的な背景を本当に理解しているなら、より一層畏敬の念をもって私たちは典礼に臨めるかもしれません。

基本的な次元において、このことばはイエスのみ名において集う信者の共同体にイエスがともにいて下さる現実を伝えています。というのも、イエス自身が「二人または三人が私の名によって集まるところには、私もその中にいる」（マタ 18:20）と仰ったからです。

この典礼的挨拶は、私たちが受けた洗礼によって私たちの魂のうちに住まわれる神の命の深遠な現実をも表現しています。このことばによって、司祭は、私たちが受けた神の命が私たちの中で成長し続けるようにと祈っているのです。

しかし、「主があなたがたとともに（おられますように）」という挨拶は、聖書に出てくる英雄たち全般に語られたことばをも思い起させるものです。彼らは、神によって困難な使命に召し出されました。使命とは言っても、それは個々人を自らの「快適な場」（comfort zone）の外に引き出し、当人にとっては以前にもまして神に信頼しなければ果たすことができなかった大きな使命のことです。そして神の民の将来は、これらの人々がいかにその呼びかけに応え、いかに自身の役割を果たせるかにかかっていました。イサク（創 26:3, 24）とヤコブ（創 28:13-15）、モーセ（出 3:12）とヨシュア（ヨシュ 1:5, 9）、ダビデ王（サム下 7:3）、預言者エレミヤ（エレ 1:6-8）、そして幸いな方おとめマリア（ルカ 1:28）を思い出して下さい。彼らは皆、生涯の転機にこのメッセージを耳にしました。このように、幾度か神がある人物を呼び出すとき、神ご自身が「私はあなたとともにいる」と語られるか、そのみ使いが「主があなたとともにいる」と請け合いながらその人物に話しかけています。

ヨシュアを例に取り上げてみましょう。モーセが死んだ後、神はヨシュアを呼び出して、イスラエルの民を約束の地に導くという困難な任務をお与えになりました。そこには、彼らが入植することを阻むおびただしい数の異民族の大軍がおり、あまたの戦いが待ち受けていたからです。そうであったにもかかわらず、神はヨシュアに雄々しくあるように、また「私があなたとともにいる」のだから、「上手くいくことを確信するように」と彼に語りかけました。

> あなたの命が続くかぎり、誰一人あなたの前に立ちはだかる者はいない。私がモーセとともにいたように、私はあなたとともにいる。あなたを見放すことはなく、あなたを見捨てることもない。強く、雄々しくあれ。私がこの民の先祖たちに誓い、今この民に与える地を、彼らに受け継がせるのはあなただからだ。……強く、雄々しくあれと私はあなたに命じたではないか。うろたえてはならない。おののいてはならない。あなたがどこに行っても、あなたの神、主があなたとともにいるからだ（ヨシュ 1:5-6, 9）。

神は、ギデオンにも同じように呼びかけられました。士師記は、神がギデオンにみ使いを送り、イスラエルの地を接収してきたミディアン人から、いかにイスラエルの民を救い出すようにと彼に呼びかけているかを語っています。み使いは次のようなことばで挨拶しました。「主はあなたとともにおられる」（士 6:12）と。ギデオンはそれまで軍隊経験もなく、脆弱な部族の出身で、また彼の一族の中でも最も貧弱な人物であったにもかかわらず、神は、ギデオン自身の力量や才能ではなく、神が彼とともにいるがゆえに、彼がイスラエルを率いてミディアン人を打ち破り勝利することになる、と約束されました。「私はあなたとともにいる。だからあなたは、一人残らずミディアン人を打ち倒すことができる」（士 6:16）と。

たぶん、最もよい例は、柴が燃えているところでモーセが召し出された話です。この有名な場面で、主はモーセを非常に困難な使命に呼び出します。すなわち、モーセを殺そうとしていた国であるエジプト（出 2:15 参照）に引き返し、ヘブライ人を奴隷にしている悪意に満ちたファラオと対峙し、民を解放するように彼を説得する、という使命です。

モーセは、自分に委ねられた事の重大さに圧倒され、その任務を果たせそうにないと感じて次のように答えました。「私は何者なのでしょう。この私が本当にファラオのもとに行くのですか。私がイスラエルの人々を本当にエジプトから導き出すのですか」（出 3:11）と。それからモーセは、神がお与えになった任務から逃れるために、できる限りのことをすべてします。つまり、民がこの神は誰なのかと自分に尋ねるだろう（出 3:13）、その民は自分を信じず、主が本当に自分に現われたことを疑うであろう（出 4:1）、また自分は指導者となるにはあまりに弁が立たない（出 4:10）とモーセは主に話します。

履行不可能な任務（Mission Impossible）なのか？

モーセが自分は指導者にしては不適格な人物だと感じていることに対して、神はどのように反応しておられるでしょうか。神はモーセをフランクリン・コヴィー社が提供するセミナー（Franklin Covey seminar）[32] に派遣して、リーダーシップのスキルを向上させようとしているのでもなく、あるいはトーストマスターズの講習会 [33] に彼を派遣して話術を訓練させようとしているのでもないことに注目して下さい。むしろ、神は彼が最も必要とするただ一つのことだけをモーセに与えています。

32　フランクリン・コヴィー社はアメリカで設立された企業で、リーダーシップ能力やコミュニケーション能力の啓発・向上のために様々なプログラムを提供し、企業での人材育成に取り組んでいます。

33　トーストマスターズ・インターナショナルは、非営利の教育団体で、アメリカで創設されました。コミュニケーションやリーダーシップの技術を向上させ、ビジネスにおいて有効な活用を目指すための教育をおこなっています。

すなわちそれは、モーセがこれから挑むべき使命において、神が彼とともにいるという確信です。「私は（必ず）あなたとともにいる」と神は仰います（出 3:12; 4:12）。

こうしてモーセは、自身の才能や技量ではなく、神の助けゆえに自らの任務を果たすことになります。この神の助けのおかげで、モーセはこれまで自力でなし得たこと以上にはるかに多くのことをなし遂げることができるようになります。パウロが言うように、神の力はモーセの弱さのうちに完全に現われたのです（２コリ 12:9-10 を参照）。

さらに私たちは、暗闇の中、逆風と荒波のために漕ぎ悩んでいたペトロたちの乗る舟に荒れた湖を渡って来られたイエスが、「安心しなさい。私がいる。恐れることはない」（マタ 14:27）と語られたことを思い起こすべきでしょう。

この時イエスは、主なる神がイスラエルの父祖や預言者に語ったのと同じことばで語られました。さらにイエスは、ペトロに「私のもとへ来なさい」と呼ばれました。そしてペトロは、まさにイエスへの信頼ゆえに湖の上を進むことができたのです（マタ 14:29 参照）！ 強風に怖気づいたペトロが、その不安ゆえに沈みかけた時には、イエスはすかさず手を伸ばして彼をしっかりとその腕で捕まえて下さり、ともに舟に乗り込まれました（マタ 14:32 参照）。いつもともにいて下さる主に対して、私たちの側が信頼のうちに彼ともにいることができさえすれば、どれほど困難なことでも私たちは克服できるのです。

みなさんは今までに、人生における様々な要求に対して、もう無理だと感じたり、打ちのめされたような思いをした経験がありますか。みなさんの結婚生活や家庭、学校や仕事においてであれ、みなさんがカトリックの信仰を生きることにおいてであれ、モーセやペトロのように、神がみなさんに託された使命や課題に対して自分は全く力量不足であると感じたことはないでしょうか。

もしそうであるなら、典礼の始めのことば、「主があなたがたとともに（おられますように）」は、みなさんを鼓舞し、勇気づけてくれるはずです。

私たちは、聖書的な観点から「主があなたとともにいる」ということばを聞いて、それぞれが神からいただいている価値ある召し出しを思い出すべきなのです。神の子供として、私たちはそれぞれが固有の使命を担っていて、御父の計画の中でそれを果たさなければなりません。私たちはこのことばを聞くとき、ヨシュア、モーセ、ギデオン、そして主から特別な召し出しを受けた預言者や使徒、おとめマリアなど数多くの聖人たちに倣っているのだということを悟るべきです。私たちは、異教の圧制者から神の民を守るように、あるいはファラオのような凶悪な独裁者に立ち向かうようには召されていないかもしれません。しかし、私たちの結婚生活において、家庭において、学校や職場において、友人関係において、小教区において、そして地域社会において、私たちそれぞれが困難の中でも他の誰も果たせない自身の役割を担っていることを自覚すべきです。

「主があなたとともにおられる」という呼びかけは、私たちが人生において暗闇と言えるような状況、荒波や逆風に象徴される試練や挑戦に遭うときに私たちを支えることができ、また神がどのような務めを私たちに託しても、私たちがそれに忠実であるよう私たちを助けることができ、そうして私たちが神に近づいて行けることを保証するものです。

もし、私たちが自分たちの子供たちの親になることや仕事や課題に向き合うことにおいて、または自分の信仰を他者と共有することにおいて、あるいは道徳的な生き方のある面において、自分に自信が持てなくなったり、あるいは自分は全くふさわしい者ではないなどと感じたりするのであれば、私たちは、典礼にあずかるときに、私たちを助けるために主が私たちとともにいて下さることを思い起こす必要があります。

もし私たちが、悪戦苦闘する結婚生活や仕事の上での厳しい立場、重篤な病気との闘い、あるいは愛する者の死に直面しているのなら、神はこうした試練の最中でも私たちとともにいて下さるのことに信頼すればよいのです。

もし私たちが悲しみや落胆、あるいは霊的な生活の暗闇を体験しているのであれば、私たちはたとえ主がともにおられることを感じられないような時でさえも、ミサにあずかるとき、主は確かに私たちとともにいて下さることを思い起こすべきなのです。

しかし、とりわけミサにおいては、この挨拶のことばは畏怖の念をかき立てる神の臨在を暗示しており、そのような現実の中で、私たちは皆キリストの死と復活の神秘や彼の御体と御血との交わりにまさにあずかろうとしているのです。

私たちは決してそのような大いなる光栄にふさわしい者ではありませんが、ミサの始まりの司祭のことばを聞くとき、私たちは主がいつもともにいて下さるということを思い起こさなければなりません。ちょうどモーセ、ヨシュア、ギデオン、マリアそして他の多くの信仰の先達と同じように、私たちは自信をもって主の助けに信頼することができるのです。私たちは、自分たちに欠けているものは何でも、神の力が補ってくれることを期待するよう促されています。

使徒的挨拶

ミサの始めの挨拶としてふさわしい他の選択可能な典礼の式文は、パウロが彼の手紙の中で用いたことばに由来するものです。たとえば、司祭が次のように言うことがあります。「わたしたちの父である神と主イエス・キリストからの恵みと平和があなたがたとともに」と。これはパウロの諸書簡の冒頭の挨拶に由来することばです（ロマ 1:7; 1 コリ 1:3; ガラ 1:3; エフェ 1:2; フィリ 1:2 を参照）。

このことは、特に次の一連の事実を強調しています。すなわち私たちの信仰は、使徒たちから私たちに連綿と受け継がれているのですが、そもそもキリストご自身がこの使徒たちにご自身の使命と権威を託され、使徒たちは後にその権威を後継者たちに伝達していったのでした。今日の司教団は使徒団の直接の後継者であり、彼らが持つ使徒的使命を司祭たちと共有しています。

典礼において「わたしたちの父である神と主イエス・キリストからの恵みと平和があなたがたとともに」という挨拶を耳にするとき、私たちは、パウロの時代から今日まで続く教会の歴史を通じて、これらのことばで挨拶を交わしてきた聖人、信仰の先達と連帯していることに気づきます。

復活したキリストとともに

ミサ冒頭の挨拶として、司教が祭儀を司式する際に用いられることば Pax vobis、すなわち「平和があなたがたに（ありますように）」があります。正教会でも司祭は、聖体礼儀の間、たびたび「衆人に平安」と言います。パウロの多くの書簡の中には、「主の平和がいつもあなたがたとともにありますように」（ロマ 1:7; 1 コリ 1:3; ガラ 1:3 を参照）という使徒的な挨拶が随所に散りばめられています。これらは、復活したキリストがユダヤ人を恐れて戸に鍵をかけていた弟子たちの前に最初に現われた時の挨拶（ヨハ 20:19, 21）に依拠していると言えます。すなわちミサ聖祭において、特にその初めに、司教はキリストに代わって、このキリストの平和が私たちのうちにあるように、と宣言するのです。

そのようにミサは、まさにキリストとの出会いであり、キリストの平和のうちに信じる者が主と一つに結ばれる救いの体験、喜びの宴なのです。聖霊の恵み、賜物である平和のうちにあって、私たちははじめて主と出会い、ただしく主に祈ること、主のみことばを聞き入れ、主に賛美と感謝をささげることができます。実に、この司教の挨拶は、私たちがこれから祝おうとしているミサが、復活したキリストとともに過ごす聖なる体験であることを端的に表わしているのです。

また、あなたの霊とともに（Et cum spiritu tuo）

「主があなたがたとともに（おられますように）」という挨拶に対して、日本語の典礼では永らく「また司祭とともに」ということばで応答してきました。

この応答句は、多くの地域で現代語への翻訳が難しいことばとされてきたものの一つです。それは、ラテン語の原典の表現 Et cum spiritu tuo すなわち「また、あなたの霊とともに」と訳せることばのいわば意訳です。このことばは、古くは旧約において用いられていた表現であり、またそれに依拠したパウロの言い回し（ガラ 6:18; フィレ 1:25; フィリ 4:23; 2; テモ 4:22）を、典礼においてより適切に言い表わしたものと言えます。

元来ヘブライ語には「あなたの霊」という表現が見られるのですが、それは「あなたそのもの」を意味していました（ルツ 2:4 参照）。しかしパウロが用い、また教会が時代を越えて用いてきたこの表現には、とりわけ神学的に重要な点が明示されています。というのも、たとえば英語の典礼では、以前は「また、あなたとともに（and also with you）」という表現になっていましたが、現在は「あなたの霊とともに（and with your spirit)」に変わり、英語としては馴染みのないラテン語の直訳調に変更されています。もともと「また、あなたとともに」と言っていたかつての英語のミサの応答は、単純に「神があなたとともにおられますように」という基本的な相互関係を表現している印象が持たれていたかもしれません。

しかしこの応答のことばには、教会の信仰においてはさらに深い意味があります。単に「また、あなたとともに」ではなく「また、あなたの霊とともに」[34]と言うことによって、会衆は、聖なる典礼が叙階を通して司祭に与えられた権能にもとづいて、司祭がそれをささげている間、司祭を通じて働かれる聖霊の特別な働きを認めることができるのです。[35]

たとえば、３世紀初期のヒッポリトスの『使徒伝承』の中に、キリスト信者が非常に早い段階からこの対話的表現（主があなたがたとともに／また、あなたの霊とともに）を用いていたという明確な証拠を見出せます。早初期から、ユダヤ人キリスト信者にとってギリシア人とローマ人のメンタリティーは異質(もともと彼らは異邦人であったため)であったため、彼らは古くから馴染みのあるヘブライ語の表現をそのまま保持し続けていたわけです。

しかし、歴史的にこの用語法は急速にそのユダヤ的な文脈を離れ、教父的伝統の観点において、司教または司祭が「叙階で受け取る霊」という意味で解釈されてきたのは確かです。ヨハネ・クリゾストモは、『テモテへの第二の手紙についての説教』[36]において、司祭に留まっている聖霊を「あなたの霊」と呼んでいます。

34　ちなみに、日本正教会の奉神礼においてはロシア語、ギリシア語にもとづいて「あなたの霊とともに」の部分は、「爾(なんじ)の神(しん)にも」という訳語が用いられています。この場合の「神」は「かみ」ではなく「しん」と読まれます。その場合、神という語はいうなれば「霊」の意味で用いられるのです。ですから日本正教会では「聖霊」は「聖神」（せいしん）と言い表わされます。このように正教会の祭儀でも「あなたの霊とともに」という会衆の応答句が古来よりそのまま司式司祭に対して用いられていることは注目に値します。

35　Pius Parsch, *The Liturgy of the Mass* (St. Louis: B. Herder, 1957) p.109を参照。こうした解釈は、古代の教父たちによって示されてきました（ヨハネ・クリゾストモ『説教』PG LXII 659 ff, PG L. 458 ffを参照)。

36　Cf. PG LXII 659 ff.

「これより優れた祈りはないでしょう。主はあなたがたとともおられます。彼（パウロ）はあなたとともにではなく、『あなたの霊とともに』と言っています。つまり二重の助け、聖霊の恩寵とそれを与える神が存在するのです。もし聖霊の恩寵が私たちになければ、他の方法で神は私たちとともにおられません。というのも恩寵から私たちが切り離されたのであれば、主はいかにして私たちとともにおられるのでしょうか。」

同じヨハネ・クリゾストモは、司教になって最初におこなった『聖霊降臨祭の説教』においても、この応答句「あなたの霊」ということばの中に司教が聖霊の力によっていけにえをささげ、キリストの秘跡をおこなうということを意識していた様子がうかがえます。[37]

そのような教父の考え方は、早い時期から「主があなたがたとともに……」という典礼的挨拶が、司教職、司祭職及び助祭職を受けた人にのみ許されていた一つの理由を示すものと言えるでしょう。叙階を受けた人々にのみにこうした典礼的挨拶を限定するこの慣行は現在でも維持されています。

確かに聖体祭儀をはじめ、みことばの祭儀や時課の典礼（「教会の祈り」）の先唱をつとめる信徒が、「主があなたがたとともに」という挨拶を用いることは一切ありません。しかし、これは信徒が聖霊の賜物に欠けているとか、典礼においては単に受動的に出席するものに過ぎないということを意味しているわけではありません。

そもそもキリスト信者は、パウロが言う「聖霊の神殿」（１コリ 6:19）、信仰の喜びをもたらす者に相違ないのですが、そのうえさらに司祭は、叙階の秘跡において、聖霊の働きにより特別な仕方でキリストの祭司職を担う恩恵・霊的な力を受け取っています。こうして司祭は、その身のうちに宿る主の霊によって、もう一人のキリストとして神への賛美のいけにえをささげるのです。[38]

37　Cf. PG L. 458 ff.

38　キリストを宿したマリアが、「私の霊は、救い主である神を喜びたたえます」と賛美している表現も意味深いものと言えます。アンブロジウス『ルカ福音書注解』（CCL 14,39-42）参照。

ですから、司祭に対するこの応答を通して、会衆は主の名のもとに集い、聖霊のはたらきのもとにあって主に仕える司祭によって導かれる典礼的な集合体を構成していると言えます。つまり「あなたの霊とともに（Et cum spiritu tuo）」は、司祭の奉仕に対する会衆の一致の意思表示、いわば司祭の奉仕によって信仰共同体が主なる神に近づくことができるということにおいて、会衆が司祭の存在を認めているという一致の意思表示と言えるのです。

このことに関連して、近代の聖人の一人、ホセマリア・エスクリバーは、特にミサという脈絡において、司祭のためにそのように呼びかけることがなぜ重要であるかを、次のように力説しています。

「私たち司祭たちが聖なる仕方で聖なるいけにえをささげることができるよう、私はキリスト信者のみなさんに私たち（司祭）のために熱心に祈って下さるようお願いします。みなさんが聖なるミサに深い愛情を示して下さるようにお願いします。こうしてみなさんは、私たち司祭が、聖なる霊に支えられて崇高な品位と人間としての尊厳をもって、すなわち礼拝に用いられる祭服や祭具等を清く保ち、信心深く祭儀を取りおこなうことができるように、決して慌てていい加減な仕方ですることのないように、ミサを丁重に挙行するができるように励まして下さい。」[39]

39　St. Josemaria Escriva, *Christ is Passing By,* p. 15. これは Charles Belmonte 著の *Understanding the Mass*（Princeton, NJ: Scepter, 1989）の 53 ページに引用されています。

3. 回心の祈り *Confiteor*「私は告白します……」

Confiteor Deo omnipotenti, et vobis fratres,	私は告白します。全能の神と、兄弟であるあなたがたに。
quia peccavi nimis cogitatione, verbo, opere et omissione:	私は、思い、ことば、おこない、怠りにおいて、何度も罪を犯したからです。
mea culpa, mea culpa, mea maxima culpa.	私の過ちによって、私の過ちによって、私の大いなる過ちによって。
Ideo precor beatam Mariam semper Virginem,	それゆえ私は、幸いなる終生おとめマリア、
omnes Angelos et Sanctos, et vos, fratres,	すべての天使と聖人、そして兄弟であるあなたがたにお願いします。
orare pro me ad Dominum Deum nostrum.	私のために、私たちの主なる神に祈って下さるようにと。

ミサの集会祈願までの開祭の儀と呼ばれる部分は、いうなれば、みことばと聖体のうちに現存するキリストと出会うための準備です。旧約聖書の至るところで、いつも全く思いがけなく、神はご自分の民にその神なる存在を示しておられます。人々の反応はといえば、神聖さに対する恐怖と畏怖が伴い、ときには地にひれ伏したり、自分たちの顔を覆い隠したりさえしています。それは自分たちが、神のみ前に立つにはふさわしくないことを彼らが自覚しているからです（創 17:2; 28:17; 出 3:6; 19:16）。変容の時に、ペトロ、ヤコブ、ヨハネはイエスの栄光が突如として現わされたのを目の当たりにして、それと同じ反応を示しています（マタ 17:6）。またヨハネは、ただ一人、天からの幻を見ているとき、

思いがけなく栄光のうちにあるキリストを目にして同様の反応を示しています（黙 1:17）。

しかしながら、神の民は神が自分たちの間に来られることを予め知らされたとき、この神との出会いのために、時間をかけて注意深く準備しました。たとえばイスラエル人は、シナイ山において３日かけて主との出会いに備えました。その時、主は雷鳴や稲妻、密雲の中にあって彼らに臨まれ、契約のことば、すなわち十戒を直接彼らに語られたのですが、彼らは〈準備として主のために自分たちを聖別し、自分たちの衣服を洗うように〉指示されました（出 19:9-19）。

私たちもまた、ミサにあずかるたびに、主との聖なる出会いを果たすために自らを備えるよう招かれています。そのうえ、私たちの神との出会いは、古代イスラエルの誰かが神と出会ったことよりも想像をはるかに超えた深遠な体験です。神聖な典礼において、私たちは雲の形で現われた神の臨在に近づくのではなく、聖体の秘跡において私たちの主イエス・キリストのまさに御体と御血に近づき、さらに聖体拝領において自らのうちに神なる主を秘跡的に受け入れることになるからです。

私たちは、このすべての出来事に参加するには本当にふさわしくありません。実際に、私たちの罪深さは、私たちがミサの中でまさにしようとしていることと対照的に際立っています。だからこそ司祭は、公に全能の神と会衆の前でへりくだって私たちの犯した罪を告白し、「神聖なる神秘を祝うために自らをふさわしく整えるように」と私たちに促すのです。イスラエルの民がシナイ山で主に近づく前に彼らの衣服を洗う必要があったのと同じように、私たちもミサの中で神に近づく前に罪から魂を清める必要があります。実に、洗うということは、罪を取り除くことを表わす聖書的なイメージなのです。「私の過ちをことごとく洗い去り、私を罪から清めて下さい。……私を洗って下さい。私は雪より白くなるでしょう」（詩 51:4, 9b）。

私は告白します

Confiteor[40] として知られる祈りは、自らの罪の告白に関して長い歴史

40　ラテン語の「回心の祈り」の最初のことばで「私は告白します」という意味。

を持つ聖書的伝統に由来しています。この祈りは、公の悔悛の儀式の中でたびたびおこなわれました（ネヘ 9:2）。

時代が変わって、これは個々人の自発的な（信仰上の）応答となっていきました（詩 32:5; 38:19）。自らの罪を告白することは、主のあわれみを受ける前提として聖書の知恵文学の諸書において勧められていましたし（箴 28:13; シラ 4:26）、また旧約聖書の律法は、ある種の罪を告白するよう民に要求さえしました（レビ 5:5; 民 5:7）。旧約聖書のある人物は、国家的悔悛の行為として、イスラエル全体の罪を告白しています（ダニ 9:20; ネヘ 1:6）。

自らの罪を告白するという実践は、新約聖書においても継続されました。その実践は、洗礼者ヨハネに従って、悔い改めの洗礼において、まず自らの罪を告白する群衆とともに始まります（マタ 3:6; マコ 1:5）。

新約聖書の他の箇所でも、キリストの弟子たちが同じような実践をするように強く勧めています。私たちは、主が罪をゆるして下さるという確信を持って、自らの罪を告白しなければならないと教えられています。「私たちが自分の罪を告白するなら、神は真実で正しい方ですから、罪をゆるし、あらゆる不正から清めて下さいます」（１ヨハ 1:9）と。ヤコブもまた、私たちが罪から自由の身となるために互いに祈るように求めながら、互いに罪を告白するように強く勧めています。「それゆえ、癒されるように、互いに罪を告白し、互いのために祈りなさい」（ヤコ 5:16）と。

罪の告白は、古代イスラエルと新約聖書の時代では一つの慣習でしたので、初期キリスト信者が聖体祭儀にあずかる前に自らの罪を告白していたことは何ら驚くべきことではありません。このことは、聖体祭儀に関して私たちが持っている最初期の聖書外の記録の一つに見られます。

それは２世紀初めに書かれた『ディダケー』[41] と呼ばれるキリスト教原典です。それには、「主の日ごとに集って、あなたがたの供えものが清くあるよう、先ずあなたがたの罪を告白した上で、パンを割き、感謝（の

41　ディダケー（Didache）は「教訓」の意味。邦訳書では『12 使徒の教訓』というタイトルで出版されています。

祭儀）をささげなさい」[42] とあります。『ディダケー』に記されているこの初期キリスト信者の実践は、それ自体、「ふさわしくないままで」聖体を受けることがないように、そうする前に「自分をよく確かめるべきだ」（1コリ 11:27, 28）というパウロの熱心な勧告を反映しているのかもしれません。

良心の糾明

回心の祈り *Confiteor* において、私たちは、単に「全能の神」に対してのみならず、「兄弟であるあなたがたみなさん」に対しても自らの罪を告白します。

この共同体的な要素は、第二バチカン公会議後に再び用いられるようになった表現です。したがってこの祈りは、「互いに罪を告白し合うように」（ヤコ 5:16）というヤコブの勧めに従うものであり、それはまた罪がもたらす社会的効果をも浮き彫りにしています。私たちの罪は、私たちと神との関係、そして私たち人間相互の関係にも影響を与えるのです。

回心の祈り *Confiteor* は、私たちが罪に陥ってしまった可能性のある４つの領域について真剣に熟考するよう迫ります。すなわち、「思い、ことば、おこない（したこと）、怠り（すべきことをしなかったこと）」です。これら４つの点は、良心を糾明するうえで極めて有用です。

第一に、「思いにおいて」ですが、パウロは、私たちの思いに心を配り、善なることに絶えず思いを集中させるように勧めています。「すべて真実なこと、すべて尊いこと、すべて正しいこと、すべて清いこと、すべて愛すべきこと、すべて評判のよいことを、また徳や称賛に値することがあれば、それを心に留めなさい」（フィリ 4:8）と。山上の説教の中で、イエスは、思いにおいて私たちがどのように罪に陥ることがあり得るのかということに関して、いくつかの警告を与えておられます。たとえば、これまでに誰かを肉体的に傷つけることはなかったとしても、他者に対する怒りによって罪を犯すことがあり得るということです（マタ 5:22）。

42　佐竹明訳『12 使徒の教訓』（*Didache*「ディダケー」の翻訳）14 項。荒井献編『使徒教父文書』（講談社文芸文庫、1998 年）38 ページ。

またこれまで誰かに肉体的に触れなかったとしても、情欲を抱くことによって心の中でも姦淫を犯し得るということです（マタ 5:27-28)。人を裁くこと（マタ 7:1)、明日の心配をすること、あるいは深く思い悩むこと（強い絶望感）さえも、私たちを罪に導き得るある種の可能性となります（マタ 6:25-34)。

第二に、私たちの「ことばにおいて」です。ヤコブの手紙は、舌が火であると警告しています。口から出ることばは、祝福することもあれば、呪うことも出来るでしょうし、ことばが悪のために使われるのなら、それは大きな騒動を引き起こします。「いかに小さな火が大きな森を燃やしてしまう」(ヤコ 3:5）ことでしょうか。

聖書は、私たちのことばが害を及ぼし得る多くの事例に触れています。たとえば、陰口、うわさ話（２コリ 12:20; 1 テモ 5:13; ロマ 1:29)、そしり、悪口（ロマ 1:30; 1 テモ 3:11)、侮辱（マタ 5:22)、偽り（コロ 3:9; 知 1:11; シラ 7:12-13）そして、驕り高ぶり（詩 5:5; 75:4; 1 コリ 5:6; ヤコ 4:16）などです。私たちは、もちろん、これら〈ことばによって犯す罪〉をも、回心の祈り *Confiteor* の中で告白しなければなりません。

第三に、「おこないにおいて」です。この領域には、大部分の人が共通して思い描く罪、つまり直接的に他者を傷つけたり、あるいは私たちの神との関係を傷つけたりする行為が含まれます。このような場合、「十戒」がしばしば良心の糾明の基準として用いられます。

第四に、「怠り（すべきことをしなかったこと）において」ですが、これは、私たちが最も心して取り組むべき部分です。つまり私たちは、利己的な行為、高慢な行為、そして悪辣な行為の当事者であるのみならず、最後の審判のとき、怠りによっておこなうべき善をおこなわなかったことに対する責任をも負うことになります。ヤコブの手紙が教えているように、「なすべき善を知りながらおこなわないなら、それはその人にとって罪です」(ヤコ 4:17)。

回心の祈り *Confiteor* のこの部分から、私たちは、キリスト者の道が、ただ単に罪深い思い、ことば、欲望、おこないを避けるという否定的な道（via negativa）ではないことを思い起こすべきです。ルカ福音書のファリサイ派の人と徴税人のたとえ（ルカ 18:9-14）は典型的な例かもしれません。ファリサイ派の人は言います。「神様、私は他の人たちのように奪い取る者、不正な者、姦通を犯す者でなく、またこの徴税人のような者でもないことを感謝します。私は週に二度断食し……」。この態度は、自分こそが正しいとうぬぼれて他人を見下す典型的な愚かな人間の例だと福音書は示しているようです。

もしこのファリサイ派の人が神と隣人の善のために積極的に律法を履行していたのなら、話は違っていたのかもしれません。「人のおこなう施しは、主にとっては印章に等しく、人の親切を、主は瞳のように大切にされる」（シラ 17:22）からです。神は私たちがひけらかして言わずとも、人目につかないような私たちの真心を、そして隠れた善いおこないを必ず見ておられます。

キリスト信者の生き方とは、究極的には Imitatio Christi（イミタチオクリスティ）、つまりキリストに倣うことです。私たちは、キリストとキリストの諸徳を身に着けなければなりません。パウロは、あわれみの心、慈愛、謙遜、柔和、寛容、そしてとりわけ愛を身に着けるようにコロサイの教会の人々に勧めています（コロ 3:12-15）。イエスは、私たちに単に罪を避けることだけを望んでおられるのではありません。また命じられたことをしていればそれでよい、あるいは単に禁じられたことをしていなければそれでよい、というのでもありません。

イエスは、彼が示した自己犠牲的な愛において、私たちが自由に、積極的に成長してほしいと思っておられるのです。イエスのように神と人を心から愛する姿勢で生きることこそが大切なのですが、私たちが真にイエスの愛の背丈にまで成長するためには、これで十分などということは決してあり得ません。その意味で、私たちが真のキリスト者であれば、いつもどこか不完全な自分を顧み、主のあわれみを願い求めるという謙遜な態度になるのは当然のことと言えましょう。

このようなわけで、福音書に出てくるファリサイ派の人々や金持ちの青年の罪は非常に悲劇的であると言えます。彼らはユダヤ教の掟をすべて守ってきた非常に象徴的なユダヤ人でした。特に金持ちの青年の高潔な生き方は、実に、かなりの偉業と言えるものです。しかしながら、彼はキリストの呼びかけに進んで応えようとはしませんでした。若者は、自分の持ち物を売り払って貧しい人々に与え、イエスについていくことはできなかったのです。そしてこのことこそが彼の最大の失敗の原因でした。彼は、回心の祈り *Confiteor* にもとづく良心の糾明の最初の３段階では「A」の評価を取ったのかもしれませんが、〈イエスが招かれたより崇高なる善〉を追い求めることができなかったために、神の国から未だ遠く離れたままなのです（マタ 19:16-24）。

ミサの時、回心の祈り *Confiteor* のこの部分は、金持ちの青年が持っていた物のように、私たちの心を虜（とりこ）にしてキリストの呼びかけに応えられないようにしているものが、たとえ悪いものではないにしても、私たちの人生の中にあるかどうかを問いかけるよう、私たちにあえて求めているのです。

私のいと大いなる過ち？

私たちの罪の重さを強調する祈りの中で、「私は何度も[43]罪を犯しました」（日本語では「たびたび」と訳されてきました）と言います。これは、ダビデが神に向かって言った悔い改めのことばを反映しています。「このようなことをおこなって、私は重い罪を犯してしまいました」（代上 21:8）。ラテン語規範版では、このとき悔い改めのしるしとして、私たちは三度胸を打ちながら次のように繰り返して言います。

mea culpa, mea culpa, mea maxima culpa
私の過ちによって、私の過ちによって、私の大いなる過ちによって

このように三度繰り返すことで、私たちが自らの罪を悔い、深く嘆き悲しむ有様がより完全な形で表現されるのです。私たちは、何か小さなことで落ち度があったとき、悪いことをしてしまった相手に「ごめんなさい」と言うだけで済むかもしれません。しかし、もしそれがもっと容易ならぬことで、私たちが取った行動を深く嘆いて悲しむのであれば、時には何度か（繰り返して）、状況に応じて「誠に申し訳ありません……をしてしまい本当に自分は後悔しています……どうか私を許して

43　ここで、「私は何度も罪を犯しました」の「何度も」の原語（nimis）は「大いに」とも訳されることばです。ちなみに口語訳聖書は、歴代誌上の 21 章 8 節を「わたしはこのことをおこなって大いに罪を犯しました」と訳しています。

下さい」と私たちは謝罪します。

このことからミサ聖祭のこの箇所で、私たちには、神に逆らって罪を犯すことが軽く扱われてもよい問題では決してないのだとはっきり認識することができます。私たちはどんな悪事を働いたにしても、あるいは善行をなすべきだったのにそれができなかった場合でも、それらに対して責任を取らなければなりません。

それゆえ私たちはミサのとき、ただ簡単に神に謝るようなことはしないのです。回心の祈り *Confiteor* によって、私たちは心からの痛悔を表明し、胸を打ちながら[44]、「私の過ちによって、私の過ちによって、私の大いなる過ちによって」と言いながら、繰り返し罪を犯してしまったことを謙虚に認めるのです。ルカ福音書のたとえ話に出てくる徴税人の態度こそ、私たちのあるべき態度でしょう。「彼は胸を打ちながら言った。『神様、罪人の私をあわれんで下さい』」(ルカ 18:13)。イエスは言います。「言っておくが、義とされて家に帰ったのは、この人であって、あのファリサイ派の人ではない。誰でも高ぶる者は低くされ、へりくだるものは高められる」（ルカ 18:14）と。

健全な罪意識

信仰者が、いつくしみ深い神のみ前で自らの不完全さ、犯した罪をはっきり認識することは大変重要です。もし自分は罪とは関係ない、罪など全く無縁だと言うのであれば、神はその人にとって何ら必要な存在ではありません。神の愛の呼びかけに耳を澄ませることができればできるほど、私たちはより深くその声に気づくことができるでしょう。「あなたはもっと希望に満ちた人生を送ることができる。いつくしみと愛に溢れた生き方ができるのだ」と。

人が神の眼差しの下に自らを置くことができれば、おのずと自らの弱さが見えてきます。かつてペトロもパウロもそうであったように、また多くの偉大な教会の聖人たちの人生もそうであったように、そうした自

44　ちなみに典礼において胸を打ったり跪いたり、あるいは接吻したり平伏したり、手を挙げて祈ったりする所作は、すべて聖書に由来する仕草です。私たちは、典礼において聖書に示された神の民の様々な信仰の態度を、今ここで自分たちにとって固有の典礼的所作として表現しているのです。

身の弱さへの気づきから真に自分がどのように歩むように呼ばれているのかが見えてくるのです。[45]

神に自分の心を真摯に開こうではありませんか。そうすれば、人は本当に神の望む姿へと成長していくことができます。反対に、神がご自身のいつくしみと愛を生きるように、すばらしい被造物として造られた私たちそれぞれの価値を真っ向から否定してしまうような態度は、決して正しいとは言えません。

その意味で、健全な意味で罪の意識を持つことはキリスト信者の成長にとって大切です。特に、重大な罪を自覚する信者は、聖体をいただくために事前に秘跡的赦免を受け、神（とその教会）と和解する必要があるのです。

45　教皇フランシスコ『司祭・神学生のためのいつくしみの特別聖年における黙想講話』（2016 年 6 月 2 日）*Sacerdoti misericordiosi come il Padre*, LEV 2016, pp. 35-39）参照。

4. あわれみの賛歌 *Kyrie*「主よ、あわれんで下さい」

Kyrie, eleison.	主よ、あわれんで下さい。
-Kyrie eleison.	主よ、あわれんで下さい。
Christe, eleison.	キリストよ、あわれんで下さい。
-Christe eleison.	キリストよ、あわれんで下さい。
Kyrie, eleison.	主よ、あわれんで下さい。
-Kyrie eleison.	主よ、あわれんで下さい。

神のあわれみを求めるこの三重の祈りは、それに先立つ祈り、つまり回心の祈り *Confiteor* の中で、自らの過ちを三度繰り返し告白した後に続きます。この祈りも、典礼の始まりの部分において、後に *Sanctus*「聖なるかな」の中で歌われる神の聖性を三度厳かに宣言する祈りと並べ置かれています。私たちは *Sanctus*（感謝の賛歌）を歌うとき、天のみ使いや聖人に加わり、「聖なる、聖なる、聖なる、万軍の神なる主よ……」[46] と絶え間なく歌うのです。

私たちは、三聖の神に近づくために、典礼において聖なる神秘に加わる準備をしながら、回心の祈り *Confiteor* の中で祈るように、聖母マリアとすべての天使と聖人たちと一つになって、あわれみを請い求めて祈ります。この典礼の中で、神が近づいて来て私たちのすぐそばにおられ、そうして天と地が一つとなることに畏怖を感じながら、私たちは神のあわれみを願い求めずにはいられません。ある神学者は次のように説明しています。「私たちは皆一つになって、天使や聖人たちとともに神の臨在に加わり、神が私たちにあわれみを示し、救いを与えて下さるように求めます。『主よ、あわれんで下さい。主よ、あわれんで下さい。キリ

46　この表現から *Sanctus* は東方教会では Trisagion ―三聖頌とも呼ばれます。

スト、あわれんで下さい。キリスト、あわれんで下さい。主よ、あわれんで下さい。主よ、あわれんで下さい』と。その祈りには、繰り返し、強調、そして一種の嗚咽（おえつ）さえも、その特徴として存在しているのです。」[47]

あわれみの意味

聖書は、神のあわれみを願い求めて叫ぶ個々人にまつわる感動的な話を浮き彫りにしています。たとえば詩編 51 は、それを祈る者の実直さと（罪に対する）弱さのゆえに際立っています。この詩編において、ダビデは自分の罪深いおこないの真実を甘受して、主のみ前に心をさらけ出しています。ダビデは自分の悪行を認めて次のように懇願します。

> 神よ、私をあわれんで下さい。あなたのいつくしみによって。
> 深いあわれみによって、私の背きの罪をぬぐって下さい。
> 過ちをことごとく洗い去り、私を罪から清めて下さい。
> 私は自分の背きを知っています。
> 罪は絶えず私の前にあります。
> あなたに、ただあなたに私は罪を犯しました。
> あなたの前に悪事をおこないました（詩 51:3-6a）。

しかし、神のあわれみを求めるとはどういうことでしょうか。私たちがあわれみとは実際に何であるかをはっきりと理解していないなら、この懇願はしばしば誤解される可能性があります。

かつて教皇ヨハネ・パウロ２世は、特にあわれみについて語られた際に、それは時々、あわれむ者とあわれんでもらう者の間に「不平等の関係」を築くことだと誤って受け取られることがあると言いました。そうなると、神は単に〈強情なご自身の民をゆるすだけの全能の王のような存在〉とみなされてしまいます。

神のあわれみとは

聖書において、神のあわれみを示すより良い例と言えば、やはり放蕩

47　J. Driscoll, *What Happens at Mass,* p. 26.

息子のたとえ話でしょう。この話の中で、自分勝手な息子は、自らの惨めさに苦しみながら、ようやく自分のおこないの罪深さに気づきます。彼は謙虚に悔い改め、父親のもとに帰ります。教皇ヨハネ・パウロ２世によれば、この話の父親は、「彼の息子の中に人知を超えた真理と愛の照らしのおかげで実現された善をはっきりと見てとったので、もはや息子がそれまでに犯したあらゆる悪を忘れてしまっているかのよう」です。[48]

この場合、その父親はただ単に息子の諸々の罪をゆるしたわけではありません。むしろ父親は、息子のうちにその場を占めた善なるもの、すなわち彼が完全に心を入れ替えたこと、つまり自分の罪を後悔したこと、そして自分の人生を正しい軌道に戻したいという崇高な望みをしっかりと見ています。そのため父親は、このような息子のうちにもたらされた善を見て喜び、彼の帰りを心から歓迎しているのです。この息子が真に回心を果せたのは、この父親の腕に抱かれた瞬間だったことでしょう。

このことは、私たちが罪を犯しても心から悔い改めるとき、どのように天の御父が私たちを見つめておられるかということに類似していると思います。御父は、私たちが法的に罪を犯したという事実だけを見ておられるのではありません。私たちの悔いる心をも見ておられるのです。

詩編作者がかつて言ったように、「神の求めるいけにえは打ち砕かれた霊。神よ、砕かれ悔いる心をあなたは蔑(さげす)まれません」（詩 51:19）。

事実、まことをもって悔い改める心は、神に逆らうことはできませんし、それこそ神が求めてやまないものなのです。これが、あわれみを理解するのに正確な脈絡です。あわれみは、自らが支配する国で犯罪者をいい加減に赦免する君主の持っているような権威的なものとみなされてはなりません。神のあわれみとは、私たちがいかなる罪を犯したにせよ、神がどこまでも私たちをいつくしみ愛しているということなのです。

主よ、あわれんで下さい

本来、*Kyrie*（あわれみの賛歌）は悔い改めの表現である一方、自分たちの生活の中に神の助力を求める神の民の叫びを象徴する嘆願、祈り

48　教皇ヨハネ・パウロ２世、回勅『いつくしみ深い神 *Dives in Misericordia*』６項。

とも理解され得ます。[49]

たとえば、「主よ、あわれんで下さい」(ギリシア語で Kyrie eleison) という祈りは、すでに4世紀には、ギリシア語圏のキリスト信者たちが典礼で唱える嘆願への応答となっていました。[50]

このような理解は、まずもって新約聖書がこの表現を用いていることから来ています。福音書の中で、数多くの人々がイエスのもとにやって来て、生活の中に癒やしと助けを切に願うという意味において彼のあわれみを求めている姿を見ることができます。たとえば、2人の盲人がイエスのもとにやってきて、「ダビデの子よ、私たちをあわれんで下さい」(マタ 9:27; 20:30-31 も参照) と言います。盲人の物乞いバルティマイも同じことをしています(マコ 10:46-48; ルカ 18:38-39 も参照)。同様に、重い皮膚病を患っている10人が「イエス様、先生、どうか、私たちをあわれんで下さい」と呼びかけると、イエスは彼らを重い皮膚病から癒やされます (ルカ 17:13)。

同じように私たちは、*Kyrie* (あわれみの賛歌) を唱えながら、主には私たちを助けることがおできになると確信して、自身の苦しみを主に委ねることができるのです。

このことのうちには、私たちの肉体的な病気、個人的な試練、さらには霊的な盲目、弱さ、そして罪さえも含まれています。助けを求めてイエスのもとにやって来る盲人や手や足のなえた人たちのように、私たちは、自身の苦悩や試練を抱え、自らを変えることができず、霊的にも倫理的にも麻痺状態になってミサに来ているのです。私たちは、イエスの時代から今日に至るまで、「主よ、あわれんで下さい」と叫ぶときに安らぎと助力を見出してきた無数の苦しむ人々と一つになるのです。

他者をあわれむ

福音書はまた、自分たちのみならず、自分たちが愛する人々のためにもあわれみを求めてイエスのもとにやって来る人々のことをも語ってい

49　P. Parsch, *The Liturgy of the Mass*, p. 95 を参照。

50　J. A. ユングマン『ミサ』(福地幹男訳、オリエンス宗教研究所、1992 年) 203 ページを参照。

ます。ある母親は自分の娘を助けてくれるようにイエスに叫び、「主よ、ダビデの子よ、私をあわれんで下さい。娘が悪霊にひどく苦しめられています」（マタ 15:22）と言っています。ある父親は、苦しみを抱えている息子に代わって、必死になってイエスのところに向かい、「主よ。息子をあわれんで下さい。発作でひどく苦しんでいます」（マタ 17:15）と告げています。

私たちもまた、ミサで *Kyrie* を祈るたびごとに、愛する人々を主に委ねることができます。聖書に出てくるそのような母親や父親のように、私たちは、「つい先日職を失ったばかりの私の友人をあわれんで下さい」「癌と診断されたばかりの私の隣人をあわれんで下さい」「教会から離れてしまった私の息子をあわれんで下さい」「孤独、不幸のうちにある私の娘を、人生をどう生きたらよいのか分からなくなっている私の娘をあわれんで下さい」と言ってもよいのです。トーマス・ハワード（Thomas Howard）の著作には、*Kyrie*（あわれみの賛歌）の力について以下のような見事な考察が見られます。

> *Kyrie*（あわれみの賛歌）の中で、私たちは……地の底から天に上っていく全人類の不可思議な叫びを耳にしているのかもしれません。*Kyrie*（主よ）という叫びが、すべての寡婦から、家を追われ残忍な扱いを受けたすべての子どもたちから、すべての障がい者から、囚人や亡命者から、病床に伏すあらゆる人々から、また実に傷ついたすべての獣から聞こえてきます。また私たちは、そのような叫びが、人間によって汚されたすべての川や海から、そして搾取によって傷跡を残された自然の景観からも聞こえてくると信じることができるでしょう。何らかの形で、この典礼において、私たちは呻き声を上げる全被造物に代わって主のみ前に立って祈っているのです。[51]

なぜギリシア語なのか

多くの聖人たちが、この典礼の中で、神のあわれみを三度願い求める

51　Thomas Howard, *If Your Mind Wanders at Mass*（Steubenville, OH: Franciscan University Press, 1995）, p. 56.

意義について熟考してきました。これを〈私たちの兄弟であり、あがない主であり、そして私たちの神であるイエスへの祈願である〉と見ていた聖人もいれば、〈私たちは神のペルソナの各々（最初の「主よ」は御父、「キリスト」は御子、２回目の「主よ」は聖霊）にあわれみを求めているという意味で、三位一体のことを指しているのだ〉と考えていた聖人もいます。

伝統的に、この祈りはギリシア語（Kyrie eleison キリエ　エレイソン）で唱えられてきました。トマス・アクィナスは、ギリシア語が典礼で使用される３つの言語のうちの１つであることを指摘しています。一方で、ヘブライ語（例「ハレルヤ」[52]、「アーメン」）とラテン語（彼の時代の西方教会の典礼で使用された共通言語）もギリシア語と同様に典礼で使用されていたのですが、トマスにとって、これら３つの典礼的言語は、キリストの十字架の罪状書きに用いられたのと同じ３つの言語を反映するものなのです（ヨハ 19:19-20 を参照）。

アルベルトゥス・マグヌス（「マーニュス」と発音されることもあります）は、神のあわれみを求める祈りが、どうして典礼の他の箇所で使用されるラテン語ではなく、むしろギリシア語でなされるのかについて次のように別の説明をしました。

> 信仰はギリシア人から私たちラテン人にもたらされました。ペトロとパウロがギリシア人のところからラテン人のもとにやって来て、救いが彼らから私たちにもたらされたのです。この恵みがギリシア人から私たちのもとにもたらされたことを記憶しておくために、私たちは今もなお、まさに一言一句欠かさずそれを保持しています。まずその民は、ギリシア語によって神のあわれみを祈り求めたのですから、それゆえ私たちはこのような敬意を教父たちに払い、さらに彼らが制定した慣習を守らなければなりません。[53]

52　ヘブライ語で「ハレルー（賛美せよ）・ヤー（主を）」は、南欧地域でＨが発音されないことから、広くアレルヤと言われるようになりました。

53　Thomas Crean, *The Mass and the Saints* (San Francisco:Ignatius Press, 2008), pp. 44-5 において引用されています。

5. 栄光の賛歌 *Gloria* と集会祈願

Gloria in excelsis Deo	いと高きところには、神に栄光がありますように。
et in terra pax hominibus bonae voluntatis.	そして、地上には善意の人々に平和がありますように。
Laudamus te, benedicimus te,	私たちはあなたを讃え、あなたを賛美し、
adoramus te, glorificamus te,	あなたを礼拝し、あなたに栄光を帰します。
gratias agimus tibi propter	あなたに感謝をささげます。
magnam gloriam tuam,	あなたの大いなる栄光ゆえに。
Domine Deus, Rex caelestis,	神なる主、天の王、
Deus Pater omnipotens.	全能の父である神よ。

あわれみの賛歌 *Kyrie* から栄光の賛歌 *Gloria* へ

20 世紀中頃に登場した典礼神学者ピウス・パルシュは、栄光の賛歌 *Gloria* のことを「あわれんで下さい」という「*Kyrie* の訴えかけに対する喜びに満ちた応答」だと考えました。つまり *Kyrie* において、私たちが神の救いとあわれみを必要としていることが表現されているのですが、*Gloria* においては、キリストによって私たちが救いにあずかったことへの感謝が喜びのうちに表現されているのです。

この意味で、私たちは *Kyrie* によって救い主を待望するいわば待降節の神秘に参入することができ、他方、私たちをあがなうために御子を遣わして下さった神に感謝するほどに *Gloria* はその降誕の喜びを表現していると言えます。

> 私たちは、ふたつのことに心を留めてミサに参加します。私たちには、とにもかくにもあがなわれる必要があること、そして私たちは現に救われたということです。第一点目を考えるとき、私は自分が無力であることを悟ります。第二点目の真理を受け止めるとき、私は恵みにあずかっている自らの強さに気が付きます。最初の点において、私は自分の弱さを知り貧しさを口にしますが、もう一つの点においては自分に与えられた力とその偉大さを知るのです。救いへの切なる想いを *Kyrie* の深い祈りに込めましょう。待降節と降誕節のように、ミサをささげるたびごとに喜びに満ちた *Gloria* において、私たちがあがなわれるように願って、信頼のうちに声高らかに歌いましょう。[54]

アルベルトゥス・マグヌス（マーニュス）は、*Kyrie* への応答である *Gloria* に関して、同じ点を指摘しています。「『私はあなたがたの叫びに答えて、聖体の秘跡を通して、あなたがたのもとに、私があなたがたの父祖たちに遣わした者を再び遣わすことにする。あなたがたがその者を受け入れて、悪を取り除かれ、あらゆる良いもので満たされるために』と、あたかも神が言っているかのようです。」[55]

このように今や、*Gloria* として知られる祈りに至って、典礼の調子は、悲しみに満ちた悔い改めから喜びにあふれた賛美へと移行します。

この祈りは決まって歌われますが、これはもともと一般の聖歌集に由来するものではありません。*Gloria* の最初の一行は、羊飼いにキリストの誕生というよき知らせを告げるためにベツレヘムの野で天使たちが歌ったことばから引用されています。「いと高き所には栄光、神にあれ。地には平和、御心に適う人にあれ。」（ルカ 2:14）

私たちがこれらのことばを（待降節と四旬節を除く）主日の典礼の最初に歌うことは実にふさわしいことです。なぜなら、クリスマス（キリ

54　P. Parsch, *The Liturgy of the Mass,* pp. 105-106.

55　前掲 Thomas Crean, *The Mass and the Saints*（San Francisco: Ignatius Press, 2008）, p. 47.

ストの降誕）の神秘が、ある意味でミサを祝うたびに現実のものとなるからです。

約 2000 年前に、神が乳飲み子イエスにおいてこの世にご自身を明確に示されたように、彼はすべてのミサにおいて聖別のときに祭壇上で秘跡的に現存なさいます。ですから、ベツレヘムで天使たちがキリストの到来を前もって告げるために使ったのと同じ賛美のことばを繰り返すことによって、私たちは自らを準備してイエスを迎えるのです。

聖書のことばの寄せ集め（モザイク）

Gloria（栄光の賛歌）の残りの部分は、引き続き、聖書に起源を持つことばで満ちています。事実、キリスト教初期時代にまで遡るこの祈りを、神にちなんだ聖書的呼称や称賛を表わす一般的な聖書的表現の寄せ集め（モザイク）であると説明する人もいるでしょう。同様に、聖書を戴（いただ）いているキリスト信者は誰でも、この祈りのあらゆる部分において、聖書のことばの繰り返し（エコー）をよく耳にします。実際、*Gloria* の祈りをささげるキリスト信者は、救いの歴史を通じて現われた偉大な男女の聖人に、さらには天上の天使たちに加わり、神の救いのみわざとその栄光のゆえに彼らとともに神を褒め称えるのです。

この祈りは三位一体の様式に従っているのですが、それはまず「全能の父なる神」また「天の王」（神にちなんだ２つの一般的な聖書的呼称）と呼ばれる御父への賛美で始まります。神は、しばしば「全能の神」（創 17:1; 出 6:3）、あるいは「全能の主」（バル 3:1; ２コリ 6:18）あるいはただ単に「全能者」（詩 68:15; 91:1）と呼ばれます。ヨハネの黙示では、天上の天使たちと聖人たちが、何度も繰り返し神を「全能者である神なる主」（黙 4:8; 11:17; 15:3; 19:6）と賛美しています。

同様に、*Gloria* は神を「天の王」と称えていますが、これも神が全能であることを指し示しています。

聖書全体において、神は王であり（詩 98:6; 99:4; イザ 43:15）、イスラエルの王（イザ 44:6）、栄光の王であり（詩 24:7-10）、すべての神々にまさる偉大な王である（詩 95:3）とさえ表現されています。*Gloria* の中で神を天の王と呼ぶとき、私たちは神を「王の中の王」であると認め、私たちが神の支配を生涯にわたって受け入れることを表明するのです。

最高の父

私たちは、*Gloria*（栄光の賛歌）の中で主を「全能者」または「天の王」と呼んで、神が全能なる力をもって天と地を支配する方であるがゆえに神を称えます。さらに、『カテキズム』が説明するとおり、主が全能であることは、父性ということにおいて理解されなくてはなりません。まさにそのことが、*Gloria* の中で私たちが実践していることなのです。

私たちは、主を「神なる主、天の王、全能の父である神」と呼びます。ただ単に神の力と神が王であることを口にして、それで終わるわけではありません。さらに続けて、この方を私たちの天の父として、その極みまで賛美するのです。

もし神が単に無限の力をもつ王であるだけなら、自分のやりたいことを何でもおこなって思うがままに自らの権力を行使する独裁者なのではないかという印象を受けかねません。しかし、神は『カテキズム』が称する「父としての全能」[56] という属性をもっておられます。まさに良き父親が愛する子どもたちには最も善いものを望むように、神の力は、つねに私たちのために最も善いものを捜し求め、また私たちすべての必要を備えて下さる愛に満ちたご意志と完全に調和しています。[57]

教会が証する神の全能さとは、全く近づき難い何か神秘的、超越的な力として捉えられるだけでなく、私たちとどこまでも親密であろうとするがゆえに御子において神が人となられ、私たち一人ひとりの苦しみも喜びもともにすることのできるあわれみ深さ、さらに私たちのために死ぬことさえ惜しまぬ愛の完全さとしても理解されるべきでしょう。

私たちの神がいかに善なる方であるかを認めることは、〈神は無限の力を持っておられながら、その善性を私たちと分かち合うことを自由に選ばれる愛に満ちた父である〉と理解することにほかなりません。私たちはそのような方を礼拝し、感謝と賛美をささげざるを得ないのです。愛する者同士が互いに、様々な機会に「愛しているよ」と繰り返し語り

56　『カテキズム』270 項。

57　「神にあっては、能力と本質、意志と知性、知恵と正義はただ一つの同じものなので、神の正しい意志やその賢明な知性にないことは、神の能力にもありえないのです。」（『カテキズム』271 項）

合うように、私たちも神に向かって、「あなたを讃え、あなたを賛美し、あなたを礼拝し、あなたの大いなる栄光ゆえにあなたに感謝します」と言って、私たちの神への愛を表明するのです。

最も興味深いのは、その栄光ゆえに神を称えている最後の一行です。これは純粋な賛美の表現です。つまり、私たちのために神がおこなわれるわざゆえに私たちは神を愛するのではなく、神の栄光ある善性と愛ゆえに、すなわち〈神が神であるがゆえに私たちは神を愛している〉ということなのです。

3 つの場面からなる物語

Gloria の次の部分は、ある意味で物語を、すなわちキリストにまつわる話を語っています。３幕構成のように、*Gloria* はキリストの救いのみわざの物語を１）「彼の到来」から、２）「あがないの死」へ、また３）「勝利の復活と昇天」へと移行しながら要約しています。

Domine Fili unigenite, Iesu Christe,	御ひとり子である主、イエス・キリストよ、
Domine Deus, Agnus Dei, Filius Patris,	神なる主、神の小羊、父のひとり子よ、
qui tollis peccata mundi, miserere nobis;	あなたは世の罪を取り除かれる方です。私たちをあわれんで下さい。
qui tollis peccata mundi, suscipe deprecationem nostram.	あなたは世の罪を取り除かれる方です。私たちの願いを聞き入れて下さい。
Qui sedes ad dexteram Patris, miserere nobis.	あなたは父の右に座しておられる方です。私たちをあわれんで下さい。

「第１幕」において、イエスは「御父の子」、「御ひとり子」と呼ばれているのですが、それはイエスが神の子であることを指摘する新約聖書の様々な文言に立脚しています（たとえば、ヨハ 5:17-18; 10:30-38;

２コリ 1:19; コロ 1:13; ヘブ 1:1-2 を参照)。第四福音書は、「受肉」すなわち神の御子が人となった神秘に私たちの注意を集めていますが、これらの称号は、特にこの福音書の序文にある劇的なひとくだりを反映しています。

ヨハネは、神の永遠の「みことば」、初めから御父とともにおられ創造のわざの起源であった永遠の「みことば」について美しくも詩的に熟考しながら、自らの福音書を始めています（ヨハ 1:1-4)。この熟考の最後で、ヨハネは驚くべきことに、この神の永遠の「みことば」が「肉となり､私たちの間に住まわれた（宿られた)」ことを告げています（ヨハ 1:14)。なんと、万物の神である方が実際に肉体すなわち人性をまとわれたのです。キリストの生涯の証人であるヨハネは続けて、神の「みことば」であるイエスのことを「私たちはその方の栄光を見た。それは父の（みもとから来られた）ひとり子としての栄光であって……」(ヨハ 1:14 の追加強調部分）と言っています。

したがって、私たちが *Gloria* の中でイエスを「御ひとり子」と呼ぶとき、イエスを単に教師や使者、あるいは神が愛する人物、神から遣わされた預言者と認めているわけではありません。ヨハネの豊かな神学的用語を使って、私たちは彼とともに、肉となって私たちの間に住まわれた神の子であり永遠のみことばであるイエスを賛美するのです。

神の小羊と王

Gloria の「第２幕」では、イエスのことを「神の小羊」と呼んでいます。その表現は *Gloria* の内容をキリストのあがないの使命へと話を前に進めていきます。このことから、黙示録に描かれている罪と悪魔に対する小羊の勝利（黙 5:6-14; 12:11; 17:14)、そして天使たちと天の聖なる者たちによる小羊への礼拝（黙 5:8, 12-13; 7:9-10; 14:1-3）が思い出されます。*Gloria* の中でイエスをこの称号を用いて呼ぶことによって、私たちは黙示録の中で啓示されている小羊の天上での礼拝に加わるのです。

Gloria はまた､「神の小羊……あなたは世の罪を取り除かれる方」と言ってイエスに呼びかけていきます。この一文では、ヨハネ福音書において、かつてヨルダン川のほとりで洗礼者ヨハネが自分に近づいて来る

イエスを初めて見たときに、彼が語った預言的なことばを私たちは繰り返しています（ヨハ 1:29; 本書第 4 部 23 章の *Agnus Dei* を参照)。

これらのことばは、イエスが新しい過越の小羊であることを啓示しています。つまり彼は、私たちの罪のために十字架上で自らの命をささげた方なのです。エジプトでの最初の過越の夜、イスラエルを死から救うためにいけにえとされた小羊のように、まさにイエスは、全人類を罪から生じた死の呪いから解放するため、カルワリオ（ゴルゴタ）の丘でいけにえとされた新しい過越の小羊なのです。

最後の「第３幕」で、*Gloria* は、今や天において自ら所有する権威の比類なきところに座しておられるイエス、すなわち「父の右に座しておられる方」を賛美するように恭しく私たちを導きます。

この表現から、私たちは、天に昇って「神の右の座に着かれた」(マコ 16:19) イエスについて語るマルコ福音書の記述を思い起こします。聖書において、神の右の座とは権威ある座のことを言います（詩 110:1; ヘブ 1:13 を参照)。

Gloria の中で、私たちは天と地に及ぶキリストの支配ととこしえに続く彼のみ国（ダニ 7:14）の証人となります。そして私たちは、このキリストに「私たちの願いを聞き入れて下さい」「私たちをあわれんで下さい」と謙虚に祈るのです。

イエスの使命の全体が、いかに *Gloria* のこの部分に集約されているかに注目して下さい。私たちは、御子の受肉から彼の過越の神秘、そして彼が天に座しておられる情景へと移行していきます。すなわち、肉となり私たちの間に住まわれた父の「御ひとり子」イエスを賛美することから、ご自分をいけにえとすることによって世の罪を取り除く「神の小羊」である彼を賛美すること、さらに罪と死に勝利して「父の右の座に着いておられる」がゆえに彼を賛美することへと移行していきます。実に、救いの歴史の頂点がまさに *Gloria* のうちに要約されているのです。

反体制文化的な祈り

キリストの救いの使命についての叙述を受けて、*Gloria* は次にただひとり「聖なる方」、「主」、そして「いと高き方」という３つの聖書的呼称を用いてイエスを賛美します。

Quoniam tu solus Sanctus,	あなただけが聖なる方、
tu solus Dominus,	あなただけが主、
tu solus Altissimus,	あなただけがいと高き方であるがゆえに、
Iesu Christe,	イエス・キリストよ、
cum Sancto Spiritu:	聖霊とともに、
in gloria Dei Patris. Amen.	父なる神の栄光のうちに。アーメン。

イエスを「いと高き方」と呼ぶことで、あらゆる他の「神々」に優る至高の存在であるイスラエルの神に因んだ聖書的呼称が思い起こされています（創 14:18; 詩 7:18）。

同様に、旧約聖書では一般に神を「イスラエルの聖なる方」と呼んでいるわけですが、この場合、一方で他に全く類を見ない神の聖なる本性を表現し、他方でこれとは全く異なる、最高に聖なる神とイスラエルとの特異で親密な関係を表現しています（詩 71:22; 箴 9:10; イザ 1:4; ホセ 11:9-11）。

新約聖書は、イエスが聖なる方であることを啓示しています。黙示録の３章７節で、イエスはご自身のことをこの神の称号をもって言い及んでおり、黙示録の 16 章５節では、天使が彼をこの称号で呼んでいます。

多くの弟子たちが聖体についてのイエスの教えのことで彼から離れていく中、ペトロはイエスに忠実であり続け、彼のことを「聖者」であると認めています（ヨハ 6:69）。悪霊でさえも、イエスを「聖者」であると認識しているのです（マコ 1:24; ルカ 4:34）。

たぶん、最も顕著なくだりは「あなただけが主である」という箇所になるでしょう。聖書に出て来る「主」（ギリシア語で Kyrios）は、神に因んだ呼称です。しかし古代ローマ世界では、「主」は皇帝に付与された呼称でした。ですから、他方でイエスと神を結びつけて、彼のことを「主」と呼ぶことは（１コリ 8:6;フィリ 2:11）、極めて反ローマ帝国主義的なことでもあったのです。

すなわち、新約聖書は、イエスこそが主であり、カエサル（ローマ皇帝）ではないと宣言しているのです。古代ローマ世界で、イエスだけが主であると言った者は、ローマ皇帝にとって敵とみなされたでしょう。

事実、多くの初期キリスト信者たちは、この信仰ゆえにローマ皇帝あるいはローマの神々への礼拝を拒否して命を落としました。*Gloria* のこのひとくだりは、仕事にしろ、財産にしろ、経済的な安定にしろ、地位や名声あるいは家庭にしろ、この世の何か他のものにもまして、イエス・キリストとその掟に忠実でなければならない、と今日の私たちにも要求しているのです、「あなただけが主です」と。

Gloria は、三位一体の第3のペルソナ（位格）である聖霊のことを述べて締めくくられています。イエス・キリストは、「父なる神の栄光のうちに聖霊とともに」称えられます。こうして、その賛美のことばは簡潔でありながらも、聖三位への礼拝とともにその頂点に達するのです。

Gloria の後、司祭は「集会祈願」（Collecta）として知られる祈りをささげるよう会衆を招きます。この祈りはミサに参列する会衆の意向を一つに集め、「開祭の儀」を結びます。

第３部

ことばの典礼

前提

教会は、ミサの二つの主要部、すなわち「ことばの典礼」と「感謝の典礼」の連続性を表現するために、「二つの食卓」というイメージをしばしば用いてきました。神の民はまず、ことばの典礼において公に朗読される「みことばの食卓」で養われます。その後、「聖体の食卓」で主の御体をいただきます。

聖体の秘跡はまさにイエスの御体と御血であり、キリスト信者の生活の「源泉と頂点」である一方で、聖書のみことばは、聖体のうちにおられるイエスとのより深い交わりに私たちを導いてくれます。

教皇ベネディクト16世は、ミサのこれら二つの部分は、単に並置されているのではなく、まさにともに「単一の礼拝行為」を形成していることから、それらがいかに内的に一致しているかということを、次のように指摘しました。

> 信仰は、神のことばを聞くことによって生まれ、強められます（ローマ10:17参照）。聖体において、肉となったみことばは、自らをわたしたちに霊的な糧として与えます。こうして「教会は、神のことばの食卓とキリストのからだの食卓という、二つの食卓から、いのちのパンを受け、またそれを信者に与えます」。それゆえ、教会が典礼の中で神のことばを読み告げ知らせるとき、神のことばは、その本来の目的である聖体へと導くのだということをつねに心にとめなければなりません。[58]

58　教皇ベネディクト16世『愛の秘跡 *Sacramentum Caritatis*』――教会生活と宣教の源泉と頂点である聖体についてのシノドス後の使徒的勧告――（カトリック中央協議会、2008年）、44項。

これらの食卓の一方にだけあずかるということは、結局、単純にそうすることにはならないはずです。私たちは、聖書にある霊感を受けた神のことばと聖体の秘跡のうちに現存している受肉した神のみことばの両方を必要とします。イエスご自身も宣教生活の間、人々が飼い主のいない羊たちのような有様をご覧になって深くあわれみ、まず「いろいろと教えられ」（マコ 6:34)、その後でパンを分け与えられたのです。1500 年代に、トマス・ア・ケンピスは、その古典的な信心書『キリストにならいて　*Imitatio Christi*』の中で、魂がこれら二つの食卓の両方から養われることをいかに深く望んでいるかを、次のように表現しました。

> これら二つのものなしに､私たちは正しく生きることはできません。神のことばは私の魂の光であり、聖体の秘跡は私の命のパンだからです。またこの二つは、聖なる教会の宝庫の中に相対して置かれた二つの食卓とも言えるものです。その一つは、そこに聖なるパン、すなわちキリストの御体が供えられる聖なる祭壇の食卓です。他の一つは、聖なる教訓を含んでいて、私たちに正しい信仰を教え、聖所の垂れ幕を引き上げ、私たちを至聖所の帳の奥にまで確実に導く神の律法の食卓です。[59]

あなたに語られた神のことば

さて、第一の食卓であることばの典礼に注目してみましょう。聖書を朗読するからと言って、ことばの典礼が、ただ単に私たちに倫理的な生活を送るようにという勧告や霊的生活について省察することを促すわけではありません。聖書は単に神について語っているのではなく、神ご自身の語りかけです。

それゆえ、ことばの典礼において私たちは、各人にそれぞれの仕方で語られる神ご自身のことばと出会うのです。神の民は、「聖なる者のことばによって集められる」（バル 5:5）のであり、「信仰は、神のことばを聞くことによって生まれ、強められます」（ロマ 10:17)。

このことは、聖書が人間的なものではないということを意味している

59　トマス・ア・ケンピス『キリストにならいて』第４巻第 11 章。

のではありません。

聖書は、人間によって、歴史のある時点において、特定の人間共同体に向けて書かれました。聖書の各書には、人間である著者の文体、性格、神学的見解、そして司牧的関心事が含まれています。

しかし、聖書のことばにも神による霊感が与えられています。「霊感」（inspiratio）とはギリシア語のテオプヌーストス（theopneustos）に由来し、「神が息を吹き込むこと」を意味します（２テモ 3:16）。霊感を受けた聖書の諸書の中に、神は、聖なる著者たちの人間的なことばを用いて、ご自分の息を吹き込んで神的なことばとされました。このゆえに聖書のことばは、イエス・キリストご自身のように、完全に人的であり、完全に神的でもあるのです。第二バチカン公会議が説明したように、「神は聖書を作り上げるにあたって、ある人々を選び、彼らの才能と能力を利用しつつ採用しました。こうして、神が彼らのうちで彼らを通して働くことによって、彼らは真の作者として神が欲するすべてを、またそれだけを書き物によって伝えたのです」。[60]

そもそも神のことばを聞くことはそれ自体、容易ならざることです。イスラエルの民は、神がシナイ山で契約のことばを自分たちに語られる前に、３日をかけてその準備をしました。私たちもまた、ミサにおいて、開祭の儀すなわち十字架のしるし、回心の祈り（*Confiteor*）、あわれみの賛歌（*Kyrie*）、栄光の賛歌（*Gloria*）によって準備して、この神のことばとの聖なる出会いを果たします。自らに十字架のしるしをし、自分は神のみ前にいるにはふさわしくないことを告白し、神のあわれみを請い求め、神への賛美を歌った後、私たちは腰を下ろして、神が聖書にある自らの霊感を与えたことばを通して私たちに語ろうとされることに注意深く耳を傾けます。ちなみに正教会では聖書朗読に際して助祭または司祭は「謹しみて聴くべし」と会衆に呼びかけます。

実にこれは人格的な出会いです。第二バチカン公会議が教えたように、「天におられる父は、聖書の中で深い愛情をもって自分の子らと出会い、

60　第二バチカン公会議公文書『神の啓示に関する教義憲章』11 項および『カテキズム』106 項。

彼らとことばを交わす」[61] からです。

ことばの典礼の中で実際に起っていることの深遠な本質を正確に認識するために、参列者に向けて聖書を読み上げる朗読奉仕者の果たすすばらしい役割について考えてみましょう。

朗読奉仕者は、単に聖書を公に朗読する者ではありません。ミサのとき、主は朗読奉仕者を道具的手段として用い、その者を通してご自分のことばを会衆に宣べ伝えます。このことを、ミサにおいて神のことばが私たちに伝えられ得るように、朗読奉仕者が人間である自分の声を神に貸しているのだと考えてみて下さい。神のことばを朗読するということは、信仰者にとってなんとすばらしい役務でしょうか。このうえなく名誉なこと、特権と言うべきかもしれません。そして、私たちがそれを耳にすることは､なんとすばらしい神からの恵みでしょうか(黙 1:3 参照)。[62]

このことと関連して、ミラノのアンブロジウス典礼では、第一、第二朗読の際、主司式司祭は朗読台に向かう朗読者に向かって、「主の名によって読みなさい」あるいは「預言者（使徒）の書が私たちを照らし、私たちの救いの助けとなりますように」と祈ります。これは、朗読奉仕者は信仰心をもって朗読をおこなうようにとの戒めでもあり、また祈りでもあるのです。

地上における最高の聖書の学び

典礼的礼拝に合わせて聖書朗読に周期（サイクル）を設けるという考えは、古代ユダヤ教の実践にその起源があります。紀元１世紀には、律法の書と預言書がシナゴーグ（ユダヤ教の会堂）での礼拝の中で規則的に読まれていました。[63] そして３世紀初頭のラビたちは、シナゴーグでの礼拝のために律法の書と預言書の朗読に規則的なパターンがあったことを証しています。それは、イエスの時代に実践されていたことを反映しているように思われます。ラビの証言の中には、かつて聖書朗読に３

61 『神の啓示に関する教義憲章』21 項。

62 J. Driscoll, *What Happens at Mass*, p. 40 を参照。

63 ルカ 4:16-17; 使 13:14-15; 15:21; フラヴィウス・ヨセフス『アピオン論駁』2. 17. 175; アレクサンドリアの フィロン『夢について *De Somniis*』2. 18. 127 を参照。

年周期が用いられていた可能性を示しているものさえあります。[64]

同様に、今日の主日の典礼で朗読される聖書箇所の精選は、聖書の様々な部分、すなわち旧約聖書、詩編、新約聖書そして福音書をそれぞれ3年周期で朗読できるように定められています。[65]

これらの朗読の順序は、それが神のあがないの計画の順序を反映していることの重要性をもっています。通常、朗読は旧約から新約へ、すなわちイスラエルから教会へと移行していきます。福音書は、イエスがいかに救いの歴史の中心におられるかを示唆する、あらゆる聖書のことばを用いて思い巡らす、その絶頂時に朗読されるのです。そのため、主日のミサにおいて、旧約と福音朗読の箇所とはあえて関連したものとなっています。

ある意味で、ミサこそ地上における最高の聖書の学びの場と言えます。いつも主日のミサに参加しさえすれば、カトリック信者は、しばしば旧約聖書と新約聖書の関連を浮き彫りにする聖書の大周遊に参加することになるのです。また平日のミサは２年周期の朗読配分に従い、その典礼の中で聖書のより広い範囲からの朗読もおこなわれます。

これらの朗読は、司牧者や会衆のお気に入りの聖書箇所から選び出されたものではありません。むしろ、人々の好みや専門性に依らない形で聖書の主要部分を網羅しながら、司祭も会衆も神のことばの十全的な理解を追究していけるのです。

64　B. Meg. 29b（*Babylonian Talmud* [バビロニア・タルムード], Tractate Megillah）. また *Anchor Bible Dictionary*（David Noel Freedman 他編）の James Aageson, “Lectionary”, p. 271 の項目も参照。タルムードとは、記述伝承である「トーラー」（律法の書）とは異なり、モーセが伝えたと言われる「口伝律法」のことを指します。後に、ラビたちによって文書化され体系化されたものが「ミシュナー」と呼ばれています。さらにそれに解説が付け加えられてまとめられ、内容的に異なる二つの体系が形成されました。一つは「エルサレム（パレスチナ）・タルムード」と呼ばれ、もう一つは「バビロニア・タルムード」と呼ばれています。今日、タルムードということばは単独で用いられますが、その場合、後者の方を指して言われます。

65　典礼秘跡省『朗読聖書の緒言』（カトリック中央協議会、1998 年）を参照。

聖書深読（Lectio divina）

キリスト教の伝統において聖書深読（lectio divina）[66] と呼ばれる、信仰者がみことばに向かう基本的な原則があります。

これには4つの柱があります。聖書のみことばの的確な解釈に向かうように読むこと（lectio　読書)、聖書の意味と私たちに語り掛ける神の声を祈りのうちに深く理解すること（meditatio　黙想)、私たちのことばで祈り、私たちにみことばを告げ知らせた主に応えること（oratio 祈り)、そしてみことばを聞いて考え、祈って受けとめ（contemplatio 観想)、人生において祝うこと、すなわち実践すること（actio 行動）です。

ミサにあずかる前、あるいはあずかった後に、聖書深読（lectio divina）の実践を通してミサの中で朗読される聖書の箇所をよく味わうことができるようになれば、ミサにおいて朗読されたみことばを信者として実生活の中で、それを生きることができるようになります。キリスト信者は、主のみことばである福音を受け取り、それを告げるように招かれているのですから、受け取ったことを信じ、信じたことを宣べ伝え、宣べ伝えたことを自らも実行しなければなりません。

典礼暦

聖書朗読は、教会の様々な季節や祝祭にも調和しています。見方によっては、教会は典礼暦年の全季節を通じて、イエスの生涯と使命によって私たちを導いています。4週間の待降節の間、私たちは人類が救い主を待ち望んでいた旧約時代を思い起こします。降誕節には、私たちの間に住まうために来られた神の御子の誕生を喜びます。40日間の四旬節には、私たちは、聖週間のキリストの受難に参与する準備のため、イエスが砂漠で実践された祈りと断食をともにします。50日間の復活節には、私たちはイエスの勝利の復活と昇天を祝い、50日目に彼が聖霊を遣わす聖霊降臨で喜びは最高潮に達します。教会暦の残りは年間として知られ、イエスの公の宣教生活に私たちの注目を集めます。

66　Lectio divina（レクツィオ・ディヴィナ）は、一般的に「霊的読書」と訳されることが多いのですが、単に霊的な書物を読むということを意味しているのではありません。Lectio divinaは、本文に述べられている4つの柱に鑑み、「霊的読書」と訳すよりは、その内容の奥深さを考慮して、むしろ「聖書深読」と訳す方が適切であると思われます。

また一年を通じて、教会は信仰の様々な神秘にも私たちを注目させます。たとえば、「キリストの聖体」（Corpus Christi）の祝日は、聖体の秘跡の賜物を祝います。「三位一体」の祝日は、三つのペルソナ（位格）からなる神の神性の神秘に焦点を当てます。「諸聖人」の祭日は、罪深く弱い人間を聖人へと変容させることで成就した超自然的なみわざのゆえに神を称え、私たち自身が聖性へと招かれていることを思い起こさせます。

さらに、一年を通して、私たち自身がキリストに倣うための模範となる多くの聖人たちの祝日や記念日が典礼歴に散りばめられています。その中でも筆頭格は祝福されたおとめマリアで、教会暦の中で最も頻繁に記念される聖人です。私たちは、無原罪の御宿り、彼女の誕生、被昇天、また神の救いの計画における彼女の人生と役割の諸相を祝います。

もちろん一年を通じて毎日、私たちは主の生涯のあらゆる側面、特にその死と復活のゆえに主を賛美すべきです。そして、信仰の神秘と私たちに聖人たちを与えて下さったことを絶えず感謝すべきです。しかし、私たちは人間であり、一度にキリストの神秘のすべてを完全に把握することはできません。これが一つの理由となって、教会は注目すべき特別な日を他と区別し、イエスの生涯の特別な側面、あるいはカトリック信仰の特定の側面に対して感謝と賛美をささげるのです。

ある典礼学者は、それを次のように記しています。

「毎年、教会は彼を飼い葉桶の中に見、また彼が砂漠で断食しているところを見ます。そして彼が自らを十字架の上にささげ、墓からよみがえり、ご自分の教会を建て、秘跡を制定し、父の右の座に昇り、そして人々の上に聖霊を遣わされるのを目にするのです。これらすべての神の神秘の恵みは、教会の中で常に新たにされているのです。」[67]

私たちは、生涯を通して、教会暦を毎年辿（たど）ることによって、キリストとその救いのみわざを、より一層深く感謝することができます。それは家族が誕生日や記念日、そして他の重要な日付や行事を祝うときに起こる出来事にどこか似ています。

たとえばある信者の家庭では、夫婦は当たり前のように、互いが生き

67　Prosper Guéranger, *The Liturgical Year*, vol. 1, Book 1, p. 11.

ている中でいただく祝福のゆえに毎日神に感謝していました。そして、そのようしていれば、さらに特別に誕生日を祝うとき、子供一人ひとりを尊重し、その生命の賜物のことで特別に神に感謝するために家族が一つに集まることは、より容易になります。同様にその家族の夫は、年中、彼の妻との結婚生活のために祈っていましたが、毎年、彼らにとっての記念日を祝うことは、互いが生きている中でいただく祝福と自分たちが共有する（結婚の）秘跡の絆を、より独特な方法で、神に感謝する機会となるのです。

神の家族として、教会は、誕生日や何らかの記念日、そして神の救いの計画の他の重要な側面を祝うのにふさわしい特別な日をはっきり区別しています。しかし様々な年間の祝祭において、この超自然的な家族の中心に存在しているのはキリストご自身です。教皇ピオ 12 世の次の教えを心に銘記すべきでしょう。

> したがって、教会の営みのなかで忠実に育まれ、教会に付随するものとなった教会暦は、冷たく生命感のない単なる過去の出来事の表現や、過去に起こった些細な出来事の記録ではありません。教会に常に住んでおられるのは、ほかでもないキリストご自身なのです。そこで彼は、人類に彼の神秘を教え、ある意味で彼らとともに生きるために、人としての生において愛をもって始められた、あのはかり知れないいつくしみの旅を続けられ、何時でもそのいつくしみを与えておられるのです。これらの神秘は常に存在し、生き続けています。[68]

68　教皇ピオ 12 世、回勅『メディアトール・デイ　*Mediator Dei*』165 項。

6. 第一朗読

第一朗読は、一般に（古来の慣習に従って、使徒言行録が読まれる復活節を除いて）旧約聖書からおこなわれます。旧約聖書では神の啓示がイエス・キリストにおいて成就するのを待っているわけですが、その旧約聖書は「真正な神の教え」として敬意をもって教会から受け入れられています。旧約聖書の中には、〈私たちの救いの神秘が秘められている〉のです。[69]

それどころか、旧約聖書にあるイスラエルの民の話を知らずして、イエスと新約聖書を適切に理解することは不可能です。なぜなら、新約聖書は偉大な書の最終章、あるいは壮大な映画のクライマックスの場面のようなものだからです。旧約聖書が語るイスラエルの話にあるような過去の出来事の紆余曲折を理解すればするほど、新約聖書が語るイエス・キリストと彼のみ国の話の展開についてよりよく理解できるようになるでしょう。

ミサでの朗読に旧約聖書を含めることで、私たちは容易にイスラエルの話を汲み取り、それゆえ聖書の単一性をより明確に理解することができるようになります。[70] なぜなら、聖アウグスティヌスに共鳴しながら第二バチカン公会議が教示したように、神は「新約が旧約のうちに秘められ、新約において旧約が明らかになるように賢明に計られたのです。

というのは、キリストがその血をもって新しい契約を立てられたとはいえ、旧約聖書の全文書は、（キリストの）福音の宣教で取り上げられ、新約聖書の中でその完全な意味を獲得・明示し、また逆に新約聖書を照

69　『神の啓示に関する教義憲章』15 項参照。

70　教皇パウロ 6 世、使徒座憲章『ミッサーレ・ロマーヌム *Missale Romanum*』（1969 年 4 月 3 日）。

らし説明している」からです。[71]

これらの朗読は、一般的に、その日に朗読される福音書に呼応しています。時として、この呼応が、旧約聖書の話と福音書の連続性あるいは対比を明確にしながら、その日の聖書朗読の主題を構成しています。これらの朗読箇所は、いつも、旧約聖書がいかにキリストと教会の神秘を予め示しているかを強調しています。たとえば過越祭のイメージは、聖体にまつわる朗読箇所と関連づけられています。またエジプトからの脱出の話は、洗礼に結びつけられています。このように、ことばの典礼の中で、聖書の美しい交響曲が鳴り響いているのです。

神に感謝

ラテン語規範版のミサでは、聖書朗読の最後に、朗読奉仕者はVerbum Dominiすなわち「主のみことば」[72]と宣言します。それは今しがた朗読されたのが、他でもない主が語られたみことばであることを意味しています。ある神学者は、「この宣言は大きな叫び声あるいはラッパの音のようであり、聖書を通じて私たちに神が語りかけられるのを聞くことは、私たち人間にとっていかにすばらしいことであるかを思い出させてくれるものだ」と指摘しています。「この宣言『主のみことば』は、全くの驚きをもって聞かれるべきです。神が私たちの間で語られることは至極当然だと思うのは、なんと常軌を逸したことでしょうか。私たちが驚きを表現して心の底からDeo gratiasすなわち『神に感謝』と答えて叫ぶとき、私たちは、まさにそれを当然のこととは思っていないと言っているのです」。[73]

神に感謝をささげるとは、歴史の中で神が示されたいつくしみと驚くべきみわざのゆえに、神に感謝の意を表わすことです。旧約聖書（代上16:4; 詩42:5; 95:2）から新約聖書（コロ2:7; 4:2）に至るまで、それは聖書における礼拝の共通点です。

71　『神の啓示に関する教義憲章』16項。

72　第一朗読だけでなく福音書も含めて、ラテン語規範版のミサにおいてはすべての聖書朗読の後に必ずこのことばが宣言されます。

73　J. Driscoll, *What Happens at Mass,* pp. 40-41.

「神に感謝」という独特なことばは、罪と死から解放して下さった神に感謝するために、パウロが使っていた表現です（ロマ 7:25; 1 コリ 15:57; 2 コリ 2:14）。

結局のところ、聖書全体はキリストによる救いのみわざを指し示していますから、キリストが十字架上で勝利したことを喜び、感謝して、パウロが感謝の意を表わすために用いたのと同じ表現「神に感謝」をもって、私たちがこの典礼の中で朗読される聖書のみことばに答えることは、実にふさわしいことなのです。

それから、私たちは畏敬の念をもって、今しがた私たちに語りかけられた神に感謝しつつ、着席して暫しの沈黙をもって答えます。

黙示録において、沈黙は天上の礼拝の一部でした（黙 8:1）。「これらのことをすべて心に納めて、思いを巡らしていた」（ルカ 2:19）マリアのように、沈黙は、たった今耳にしたみことばを黙想する時間を私たちに与えてくれます。

典礼における「聖なる沈黙」と呼ばれるこうした時は、祭儀のそれぞれの行為を際立たせるのと同時に、その意味をより深く味わうために大変重要です。

7. 答唱詩編

第一朗読で宣言された神のみことばを聞いた後、続いて私たちは、自らの乏しい人間のことばではなく、神ご自身の霊感を受けて書かれた聖書、詩編の書から取られた賛美と感謝のみことばをもって答えます。詩編の朗唱（歌唱の方がより望ましいのですが）によって、朗読された聖書の箇所を黙想するように導いてくれる祈りの雰囲気を創出することができます。

私たちは、至極当然のように、神を礼拝するときに賛歌を用いますが、それはパウロが弟子たちに詩編を歌うように勧めていたことでもあるのです（コロ 3:16）。

そもそも、典礼的礼拝に詩編を使用する伝統はかなり昔まで遡ります。もともと詩編の書は、イスラエルの神殿祭儀の際に、私的信心と公的礼拝の両方に用いられた150編からなる賛美歌の集成です。神殿の礼拝においては、共通の反復句（antiphona）を詩編の前後に歌い、二つのグループが交互に詩編の連節を歌っていたようです。詩編の書それ自体に、このことを示唆する箇所がいくつか認められます。

たとえば、いくつかの詩編には、「イスラエルよ、さあ言うがよい……」（詩 124:1; 129:1）という呼びかけが含まれていますが、これは集会で応答するように会衆を招く添え書き（ルブリカ）であるように思われます。

これは、詩編136にも見られます。この詩編は「恵み深い主に感謝せよ」という招きで始まり、その後に続く節は神に感謝する様々な理由を列挙しています。これらの節はそれぞれ、「ただひとり驚くべき大いなるみわざをおこなわれる方に」、あるいは「荒れ野を通ってイスラエルの民を導かれた方に」のような起句で始まります。そして、それぞれ「そのいつくしみはとこしえに絶えることがない」という同じ反復句で締めくくられています。モチーフと応答の間を行ったり来たりするやりとりは、それ自体が先唱者によって朗唱される先唱句とそれに対する応答としての会衆からの反復句（答唱句）から構成される一種の典礼的対話であることを示しています。

このようなやりとり、いうなれば「交唱的な」動きは、答唱詩編だけではなく、ミサ全体を通じて目にされます。すなわち、「主があなたがたとともに／また、あなたの霊とともに」(Dominus vobiscum / Et cum spiritu tuo)、「主のみことば／神に感謝」(Verbum Domini / Deo gratias)、「心を上に（挙げよ）／私たちは主に向けています」(Sursum corda / Habemus ad Dominum）などです。

これはまた、聖書の至るところにも見られます。モーセは、シナイ山で契約を結ぶ儀式の中で、主のことばを民に語り聞かせ、彼らは皆「一斉に」典礼的に答えて、「私たちは、主が語られたことをすべておこないます」と言っています（出 19:8)。エズラが民に律法の書を読み聞かせたとき、彼は主をたたえ、民はそれに「アーメン、アーメン」と答えました（ネヘ 8:6)。黙示録の中では、ヨハネに天上の典礼の幻が現われ、何千もの天使たちが、「屠られた小羊こそ、力、富、知恵、権威、誉れ、栄光、そして賛美を受けるにふさわしい方です」と言って、主を称える光景をヨハネは目にしています。それから、すべての被造物は「玉座に座っておられる方と小羊に、賛美、誉れ、栄光、そして力が、世々限りなくありますように」と答えます。すると、４つの天使のような生き物はそれに答えて、「アーメン」と返しています（黙 5:11-14)。

賛美とそれに対する肯定的な返答というこのような天からの叫びは、天使と聖人たちが神のみ前で畏敬の念に満たされながらも喜びに溢れていることを表現しています。トーマス・ハワード（Thomas Howard）の意見によれば、その喜びは、私たちが自らの深い信念の一つを分かち合える人と出会い、心底同意できることをその人が言うのを耳にするときに（それは私たちが夢中になっていること、たぶん私たちがどうしてもうまく表現出来ない何らかの感情や信念であるのかもしれませんが）私たちが経験する興奮に似ています。私たちは、ある人が私たちの心の琴線を打つ何事かを言うとき、喜んで自分も同意見であると言わずにはいられません。私たちは自ずと、そうした会話に加わりたくなり、「そう！まったくそのとおり！」と述べて賛同するものです。

実際、自分にとって最も重要な事柄について、意見を同じくする人たちとともにいることは大きな喜びです。天上の天使や聖人たちは、はるかに大きな度合いで、この種の喜びをともなう同意を持ち合わせています。全(まった)き善であり愛である神のみ前に立ちながら、彼らは神を賛美し、神に感謝せずにはいられません。そして、彼らは互いの賛美と感謝のことばに賛同し合い、同様のことばを交わし合わずにはいられないかのようです。「小羊は……誉れ、栄光、そして賛美を受けるにふさわしい」と言って神を賛美し始める者もいれば、「小羊に、賛美、誉れ、そして栄光あれ」と心底賛同し、共鳴して賛美しながら応答する者もいます。さらには、この賛同に出遅れてはならないと思っている者さえいます。彼らもまた、「アーメン」と大声で叫びながら、こうした感情を共有していることを是非にも公言しないではいられないのです。ハワードは、黙示録に出て来る天使と聖人、そして被造物の有様を引用しながら、この神への賛美のやりとりを、ミサの間に私たちが加わるように招かれている「ダンス」として思い描いています。

> 宇宙とそのすべての被造物、すべての天使と聖人が「さあ、踊りに加わりなさい」と呼びかけて私たちを招いています。ミサの交唱＝アンティフォナ（antiphona）は、唯一無二の卓越した振付、三位のペルソナのダンスであるペリコレーシス（perichoresis）[74]の前で鳴り響く唯一無二の卓越した応答頌歌に加わる初歩的な訓練なのです。セラフィム（熾天使）はこのことを知っています。それゆえ典礼において、私たちはこの至福の交唱へと導かれ始めます。詩編に応唱するとき、私たちはこのダンスの最初の一歩を踏み出しているのです。[75]

明らかに、ミサの典礼的対句は、礼拝にふさわしい聖書にもとづく典型、さらには礼拝に適う天的な原型を模倣しています。それゆえ、初期キリスト信者がこの様式を採用し、彼らが神を礼拝するときにそれを取

74　ペリコレーシスはギリシア語で、三位の位格の相互内在性を意味することばです。

75　Thomas Howard, *If Your Mind Wanders at Mass*, pp. 74-75.

り入れたことも不思議ではありません。いずれにしても、すでに３世紀には、詩編はミサの中で朗唱されており、先唱者が詩編を歌い、会衆が応答し、しばしば詩編の最初の一行を繰り返していました。[76] そうした実践は、古代イスラエルの礼拝で詩編が使用されていたその方法を反映しているのかもしれません。これらがすべて、今日の答唱詩編の基礎になっています。

76　ヒッポリトス *Trad. Ap.* 515（土屋吉正訳『聖ヒッポリュトスの使徒伝承』67 ページ参照）；テルトゥリアヌス『祈りについて　*De oratione*』c. 27. これらは Charles Belmonte, *Understanding the Mass*, p. 87 に引用されています。

8. 第二朗読

第二朗読は、新約聖書の中から、分けても書簡または使徒言行録、あるいは黙示録からおこなわれます。

その朗読箇所は、しばしば第一朗読や福音とは関係なく選ばれていますが、これらの新約聖書の記述は、イエス・キリストの神秘、その救いのみわざ、そして私たち信仰者の生の意味を熟考させるものです。

またこれらは、キリストを信じる私たちの生活における信仰実践上の適応を引き出してくれ、「キリストを身にまとい」「罪を拒否する」ように私たちにいつも勧めてくれます。

9．福音朗読

聖書全体が霊感を受けていることは周知のとおりですが、第二バチカン公会議は、さらに当然のこととして、その中でも福音書が「きわめて卓越したもので……それは、受肉したみことばであるわれわれの救い主の生涯と教えについてのいとも優れた証言だからである」と教えました。[77]

ミサは、この福音の卓越性を反映しています。いかに典礼が、福音朗読に特別な敬意を払っているかに注目して下さい。この朗読の間、司祭と助祭、侍者、そして会衆は、他の聖書箇所が朗読されている間にはしなかったことをおこないます。

起立 —— 第一に、会衆は福音朗読において今まさに告げられようとしている、みことばである主イエスを迎えるために起立します。起立するとは、かつてエズラが律法の書を朗読したとき、その場に集められたユダヤ人たちがとった敬虔な姿勢でした（ネヘ 8:5）。イエスが福音において私たちに語られることに心して耳を傾けるとき、この姿勢によって私たちがイエスのことばを聞こうと敬意を払って用意できていることを示しながら彼を迎えることは、まことに適切なことです。

アレルヤ唱 —— 第二に、会衆は「Jahweh をたたえよ」つまり「主をたたえよ」という喜びを意味するヘブライ語表現に由来する「アレルヤ」（注 52 を参照）を唱えるか歌います。それは、多くの詩編（詩 104-106; 111-113; 115-117; 146-150）の最初または最後に見られる表現です。天上の天使はこの表現を用いて救いのみわざゆえに神をたたえ、小羊の婚宴におけるキリストの到来をその民に告げました（黙 19:1-9）。

---

77 『神の啓示に関する教義憲章』18 項。

この喜びに満ちた賛美は、福音書という形態において私たちのもとに来られるイエスを歓迎するのにふさわしい方法です。喜びにあふれる「アレルヤ」は、悔い改めの期間である四旬節には用いられませんが、欧米では「アレルヤ」を「おおキリスト、あなたに栄光と賛美」[78]あるいは「終わりなき栄光の王、主イエス・キリスト、あなたに賛美」[79]など他のことばに置き換えた形の詠唱が用いられています。

行列 ―― 第三に、アレルヤ唱の間、助祭あるいは司祭は、福音書を祭壇から朗読がおこなわれる朗読台へと運びながら、内陣を行列し始めます。ろうそくと香炉を運ぶ侍者たちがこの行列の中で福音書に伴うことで、まさに今から起ころうとしていることの荘厳さをさらに強調します。[80]

『ローマ・ミサ典礼書の総則』は、朗読聖書とりわけ朗読福音書は、典礼において神のことばを告げる際の「天上のものの真のしるしであり象徴である」ため、特別の尊敬をはらうべきものとして美しさや装飾で特徴づけるように教えています（349項）。

また朗読福音書は、荘厳司教ミサにおいては、司教がそれによって会衆に祝福を与えるキリストの神聖さを示す象徴とされています(175項)。

福音朗読という神聖な務めに自らを整えるため司祭は次のように沈黙のうちに祈ります（助祭が福音を朗読する場合は、行列を開始する前に主司式司祭が祝福を求める助祭に向かって同じ祈りを唱えます）。

Munda cor meum ac labia mea, omnipotens Deus, ut sanctum Evangelium tuum digne valeam nuntiare.

78　『神の啓示に関する教義憲章』21項。

79　Glory and praise to you, O Christ!（英語）、Lode e onore a te, Signore Gesù!（イタリア語）

80　正教会でも同様の行列をします。これを小聖入と呼びます。日本正教会においては助祭が福音書を持って行進するとき聖歌隊は次のように歌います。「来たれハリストスの前に伏し拝まん、神の子、死より復活せし主や、汝にアリルイアを奉る我等を救い給え。」いっぽうで感謝の祭儀の始めにパンとぶどう酒を祭壇（宝座）に運ぶ行列を大聖入と呼びます。正教会の祭儀における行列全般は「イエスス・ハリストスの行進」とも呼ばれ、キリストの到来を祭儀的に示す意味合いがあります。

全能の神よ、聖なる福音をふさわしく宣べ伝えるために私の心も口も清めて下さい。

この祈りから、預言者イザヤの口が、主のみことばをイスラエルに告げる前に、いかに清められる必要があったかを私たちは思い起こします。天使が燃える炭でイザヤの口に触れると、彼はその罪をゆるされ、預言職を始めるように召されました（イザ 6:1-9 参照）。

十字架のしるし —— また以前と同じ挨拶の対句（「主があなたがたとともに」「また、あなたの霊とともに」）の後、司祭または助祭は（たとえば「ヨハネによる聖福音」と言って）福音を朗読することを会衆に告げ、福音書の上に、そして額、口、胸に十字架のしるしをします。会衆も同じように自らの体に三度十字架のしるしをするのですが、これは、私たちの思い、ことば、おこないを主にささげ、福音書の中にある主のことばが常に私たちの知性と口の上に、また心の中にあるように願う所作なのです。

イエスとの出会い

この所作のすべて、すなわち起立、アレルヤ唱、行列、ろうそく、献香、三度の十字架のしるしは、私たちがミサの中で最も神聖な瞬間に近づいていることを知らせるものです。

そして遂に、その最も神聖な瞬間、福音が朗読されるときが訪れます。福音書の記事は、単なる過去の物語、つまりイエスに関する遠い記憶の記録ではありません。聖なる書は神の霊感を受けているのですが、福音書は、キリストの全生涯にまつわる神ご自身のみことばそのもので成り立っています。教会が教えてきたように、「聖書が教会で朗読されるときには、神ご自身がその民に語られ、キリストは、ご自身のことばのうちに現存して福音を告げられる」のです。[81]

---

81 『ローマ・ミサ典礼書の総則』（*Institutio generalis Missalis Romani*, editio typica tertia, 2002）29 項。福音朗読前の対句「○○○による聖福音の朗読」（Lectio sancti Evangelii secundum…）—「主よ、あなたに栄光」（Gloria tibi Domine）は、6 世紀のガリア地方の慣習にまで遡ると言われています。これと、福音朗読後の対句「主のみことば」（Verbum

したがって、ミサにおける福音の宣言は、イエスの生そのものを私たちに根本的な仕方で現存させるものにほかなりません。私たちは、イエスがパレスチナの地でかつて語りおこなったことについて、まるで他人事のように会衆席で聞いているただの傍聴人ではありません。私たちは、イエスについての報道、あるいは一世紀の有名な宗教的人物についての講義を聞いているのではありません。キリストは、福音書に記された神の霊感を受けたことばをとおして、私たち一人ひとりに個人的に語りかけておられるのです。

たとえば私たちは、イエスが人々に悔い改めて自分に従うよう呼びかけておられることについて聞くだけではなく、イエスご自身が私たちに「悔い改めよ。天の国は近づいた」（マタ 4:17）と言われるのを耳にしているのです。私たちは、イエスが姦通の罪で捕えられた女性をゆるす話を単に聞いているだけではありません。それは自らが犯した罪を悲しんでいる私たちに、イエスがまるで「私もあなたを罪に定めない。行きなさい。これからは、もう罪を犯してはいけない」（ヨハ 8:11）と語られるのを聞いているのと同じことなのです。

Domini）―「キリストよ、あなたに賛美」（Laus tibi Christe）は、いずれも宣言された福音の中にキリストが現存していることの確信を示すものと解釈されています。実際、福音朗読者は手を閉じて、「主があなたがたとともに」（Dominus vobiscum）と呼びかけます（『ローマ・ミサ典礼書の総則』134 項）。

10. 説教

キリスト教典礼の黎明期から、神のことばは単に読まれるだけではありませんでした。朗読の後には説教が伴い､朗読箇所の意味が説明され、会衆の生活にどのようにみことばを適応させていったらよいのかを導き出していました。

説教を意味する homilia という語は、ギリシア語で「説明」を意味します。

初代教会では、司教が概して主日のミサを司式し、また説教をする人物でした。この原始的な実践から、アウグスティヌス、アンブロジウス、ヨハネ・クリゾストモ、そして他の数多くの教父たちによる有名な説教集が生まれました。

そうであるにもかかわらず、朗読された聖書箇所を説明するという典礼的実践は､キリスト教がその始まりというわけではありませんでした。それは、古代ユダヤ教の習慣に起源があります。たとえば、エズラ記において、律法の書は単に人々に朗読されただけではありませんでした。レビ人は､「律法を民に説明」しました（ネヘ 8:7）。彼らが神の律法を読み、その「意味を明らかにしたので、人々はその朗読を理解した」のです（ネヘ 8:8）。

ユダヤ教の会堂（シナゴーグ）でも､同じことが実践されていました。聖書が朗読されれば、必ずその後に説明が伴っていました。イエスご自身、この慣習を実践していました。故郷であるナザレの会堂で、彼は朗読された聖書を詳しく説明し（ルカ 4:18-30 参照)、またガリラヤ全土の会堂で定期的に教えられました（マコ 1:21; ルカ 1:15 参照)。

説教は、信者が朗読された聖書の箇所の意味を理解し、自らの生活にそれを適用できるようにするための彼らへの信仰教育にとって極めて重要なものなのです。

第二バチカン公会議は、説教は様々な形態を採るキリスト教の信仰教育の中でも「格別な位置」を占めるべきだと教えました。[82] そのように信仰を伝えるために説教は非常に重要なものです。そして、みことばの意味を的確に伝える説教は、まさに秘跡を受けるためのもっともよい準備になるものです。

誰が説教をするのか

決定的に、説教は叙階された聖職者、すなわち助祭、司祭または司教によっておこなわれなければなりません。[83] ミサにおける福音朗読についても同じことが当てはまります。

福音書以外の聖書朗読は、修道者あるいは信徒によっておこなわれますが、福音朗読だけは助祭、司祭または司教がおこなわなければなりません。司教は使徒の後継者であり、司祭と助祭とともにその権限を共有していますが、とりわけ司教には福音を宣言し、キリストが使徒たちに教えたことのすべてを伝える責任があります（マタ 28:18-20）。

福音であるよき知らせが聖書の核心部なのですから、福音朗読を聖職者のみに限ることによって、私たちは、福音書に至るまでのすべての聖書箇所が「使徒から受け継がれる信仰の権威のもとに読まれ、理解されるべきである」[84] ということに、最大の注意を払います。

このことから、なぜ説教が叙階された聖職者によってのみおこなわれなければならないかが明らかになります。特定の話題に関しては、信徒、修道士もしくは修道女の方が、司祭あるいは助祭よりも優れた話術や提供可能な確かな神学的知識、霊的経験を持っているかもしれません。さらに、これらの賜物が共同体と共有される方法は、説教以外にもたくさんあります。しかし、それはミサのときの説教の目的ではありません。説教とは、理想的に言えば、思慮に富み、明確で、人を引き付けるものであるべきだとしても、結局のところ肝心なのは雄弁であるとか識見があるとかの問題ではないのです。

ドリスコルは、説教師が語ることは、「単なる私的思想や一個人の経

---

82 『神の啓示に関する教義憲章』24 項を参照。

83 東方教会では一般的に助祭が説教をすることは許されていません。

84 J. Driscoll, *What Happens at Mass*, p. 51.

験を伝えることではなく、それ自体が『教会の使徒から受け継いだ信仰』であるものを、教会の権威をもって伝えることであり、特にそのことのしるし、あるいは『保証』として、説教が聖職者によっておこなわれるのだ」と言っています。[85]

実に教会法第767条は、「説教は典礼そのものの一部である」と述べています。神の民全体は、教会の信仰を証しなければなりませんが、使徒から受け継いだ信仰を教えることは、使徒の後継者である司教の固有の責務です。そして、各司教が教皇と世界中の他の司教たちと一致していることは、使徒から継承する信仰のさらに可視的で具体的な証となります。司祭も助祭も、その叙階の秘跡によって、この固有の責務を共有するがゆえに、ミサのときに福音を公に朗読することも、さらに説教をすることもできるのです。

説教で何が伝えられるべきか

教会法第767条は、「説教においては、典礼暦年の流れをとおして、信仰の神秘とキリスト教的生活の規範が聖書のテキストから説明されなければならない」と述べています。さらに教会法第768条は、「神のことばの伝達者は、キリスト信者に何よりもまず神の栄光と人びとの救いのために何を信じかつおこなわなければならないかを伝えなければならない」と述べた後、「人間の尊厳及び自由に関して、家庭の一致と安定、またその務めに関して、社会生活に結びついた人びとの義務に関して、さらに神が定めた秩序に従って現世的事柄に対処することに関して、教会の教導権が示す教えについても信者に伝えなければならない」と続け、それらは「聴く者の状況に合った方法及びそのときの必要に応じて示されなければならない」（第769条）と銘記しています。

以上のすべては、司祭が叙階式で約束する「純粋な心で信仰の神秘を保ち、福音と教会の伝承に従って、ことばとおこないによって、この信仰を広めること」[86] の骨子です。

そもそも、パウロは「私たちは自分自身を述べ伝えるのではなく、主

85　同 p. 52。

86　カトリック儀式書『司教・司祭・助祭の叙階式』参照。

であるイエス・キリストをのべ伝えているのです。私たち自身は、イエスのためにあなたがたに仕えるしもべなのです」（２コリ 4:5）と語っています。

教皇ベネディクト 16 世は、2010 年 4 月 14 日の「一般謁見の演説」で次のように教えました。

「司祭のキリストの代理者として（in persona Christi）の教える任務とは、現代の混乱と混迷の中で、神のことばの光を現存させることです。……司祭は自分の考えを教えるのではありません。自分が造り出し、発見し、信奉する何らかの哲学思想を教えるのではありません。司祭は、自分について、自分のために語るのではありません。司祭が語るのは、自分の取り巻きやグループを作るためではないからです。……むしろ司祭は、ともにおられるキリストの名で教え、真理を示します。……司祭が告げ知らせる教えは自分の教えではなく、キリストの教え、……キリストのことばと教会の信仰です。」

このように説教とは、聖書や教会の教えとは無関係の単なる漫談や、司祭個人のつまらない知識や考え、哲学的思想の講釈などではなく、また退屈な神学の講義や聖書釈義の講話でもありません。まして教会の教えに疑いを抱かせるもの、偏った信心や極端な聖人崇拝などを助長するものであってはなりません。教皇フランシスコは「説教は本当に、強烈で喜びをもった聖霊の体験や、励ましとなるみことばとの出会い、刷新と成長のたえざる源泉となり得る」ものだと説いています[87]。そのように説教とは、まさに神が発して下さる私たちへの「呼びかけ」に人々を気づかせるべきものなのです。

別の言い方をすれば、説教は、読まれたテキストに示された主のご意志を人々に生きた仕方で伝えること、神とその民との愛の絆を強める対話である必要があります。[88] そのため、まず説教者自身が、従順と祈りの心でみことばに近づく必要があります。「主よ、あなたは何を私に語ってくれているのですか。そのみことばを通して、私の人生をどのように変えようとされているのですか」と。

87　教皇フランシスコ、使徒的勧告『福音のよろこび』135 参照。

88　同 137-138 項参照。

説教に際しては、みことばの真意を正しく理解することが不可欠です。そのために説教の準備として、祈りのうちに（聖霊のはたらきの中で）、「真理に対する敬虔の念」の中で、愛の心をもって深く主と語り合うべきなのです。

聖トマスが言うとおり、説教は「観想したものを他者に伝える」（『神学大全』II-II, q. 188, a. 6）行為です。[89] それゆえ説教者が、溢れんばかりの主のいつくしみと愛に心打たれた深い体験を生きていること、また主の招きによって喜びに生きる者であることが大切です。

さらに説教者は司牧者として、神の民の心、生活の実情をよく理解する者でなければなりません。そうでなければ、説教者は主の御心を何一つ生きた仕方で目の前にいる人々の心に響くように伝えることなどできないからです。このような意味で、説教は他のあらゆる教話（カテケージス）に勝るものと言えるのです。

89　同 149-153 項参照。

11. 信仰宣言

主日または祭日などのミサにおいては信仰宣言がおこなわれます。その際には主に「ニケア・コンスタンチノープル信条」、ないし「使徒信条」と呼ばれるものが用いられます。これらの信条は、キリスト教信仰の規準ないし規範として初代教会で用いられていた、信仰告白の要約です。

もともと信条は、洗礼志願者が教会の信仰を告白する洗礼式の式文の一部でしたが、後には、正しい教義を保証し異端を退ける手段となりました。古代においては正統信仰を確認するための手段の一つであったことから、ミラノのアンブロジウス典礼や一部の東方教会、特に正教会においては現在に至るまで、信仰宣言は奉納の後、奉献文を開始する前におこなわれます。ちなみにラテン語規範版の典礼書で用いられる信仰宣言のところには、Symbolum と書かれています。これは、「割り符」を意味する symbolus から来ることばです。その意味で、信仰宣言は、現在でも、それを唱える者が正当な教会の信仰を持っていることのしるしとされているのです。

しかし信条そのもの（その一言一句のすべて）が聖書に由来しないことから、「なぜこの非聖書的文言が、ことばの典礼に含まれているのか」と不思議に思う人もいるかもしれません。

それに答えるためには、信条が聖書の話を要約していることに注意すべきでしょう。天地創造からキリストの受肉、死と復活、聖霊の派遣、教会の時代、そしてキリストの再臨に至るまで、信条は救いの歴史の構想全体を貫いて私たちに物語っています。

私たちは、一つの短い信仰告白の中に、創世記から黙示録へと貫かれる説話、つまり創造、堕罪、あがないを描出しています。しかも私たちは、このドラマの主役である父と子と聖霊という三位なる神のペルソナ（位格）に鋭敏な眼差しを注いでそうするのです。ある神学者は、「聖なる諸書が長く語ることを、信条は簡潔に述べる」[90] と評しています。

旧約聖書の「信条」

熱心に祈る心をもって信条を唱えるという実践は、その確たる根拠を聖書の中に持っています。古代イスラエルは、「シェマー」という名で知られる信仰宣言の中で自分たちの信仰を告白するように招かれていました。

このシェマーとは「聞く」を意味するヘブライ語で、「聞け、イスラエルよ。私たちの神、主は唯一の主である。心を尽くし、魂を尽くし、力を尽くして、あなたの神、主を愛しなさい」（申 6:4-5）という祈りの冒頭のことばです。神聖なこれらのことばは、常に民の心にあるべきもので、子供たちに教えられ、また朝起きたとき、夜眠るとき、家にいるとき、通りに出て行くときというように一日を通して定期的に唱えられるべきものでした（申 6:6-10）。

このユダヤ教の信仰宣言たるシェマーにおいては、やみくもに神を主であると信じるようにと言われているのではなく、神が主であることは前提のこととして、全身全霊をかけて神なる主を愛するように、と言われている点が重要です。聖書において信じることと愛すること、そして知る（理解する）こととは互いに関係し合っているからです。

シェマーは、イスラエル周辺の人々に一般に知られていたこととは違って、まさに一種の異なる世界観を語っています。いにしえの近東の人々は、多神教的な世界観を持っていました。つまり、彼らは多くの神々が存在することを信じ、各部族あるいは民族ごとにそれぞれ固有の神々を有しており、彼らはその神々を鎮め、憂いのないようにする必要がありました。この見方からすると、宗教が典型的に部族的であったり民族的であったり、あるいは国家的であったりしたことも肯けます。

イスラエルを取り巻くこのように色濃い多神教的な環境の中にあって、「私たちの神、主は唯一の主である」ということばは、イスラエル

90　Nicholas Lash, *Believing Three Ways in One God: A Reading of the Apostle's Creed* (London, England: SCM Press, 1992), 8. この評釈は、Gerard Loughlin, *Telling God's Story: Bible, Church and Narrative Theology* (New York: Cambridge University Press, 1996), p. 50 に引用されています。

の一神教的信仰を言い表わす大胆かつ反体制文化的な表現であったことでしょう。しかしシェマーは、古代ユダヤ人にとって、どれだけの神々が存在するのかという問いに対する単なる抽象的見解ではありませんでした（そもそも彼らにとって神は唯一なのです）。

ユダヤ教的一神教には、いうなれば破壊活動家のごとき激しさがありました。なぜならその一神教は、単に唯一の神がいるということのみならず、この唯一の神がイスラエルと特別な契約を結んでいるということも明示していたからです。言い換えると、イスラエルの神は、単に世界の神々の中の一つの神ではなく、あらゆる民族の上に君臨するまことの神だったのです。

したがって、ユダヤ教的一神教は、たとえばエジプト、カナン、バビロニアの神々の化けの皮を剥ぎ、それらの神々が実は何であるのか、すなわちそれらは偽りの神々であって神格を全く有していないことを彼らに示しました。そうです、イスラエルの神こそ唯一の神だったのです。

そこで私たちのシェマーであるミサのときに唱える信条を確かめなければなりません。

いにしえのシェマーと同様、今日における私たちの信条もまた反体制文化的なメッセージを包含しています。それは、現代の俗世界で普通に教えられていることとは違い、ある種全く異なる人生観、世界観を語っています。私たちの時代は相対主義的な時代と言われますが、その相対主義とは、確固とした道徳的真理も宗教的真理もなければ、絶対的な正しさもなければ間違いもない、という見方なのです。相対主義的世界観は、「人がどんな神を信じようとも、人がどういう人生の選択をして生きようとも全く構わない」と主張します。つまり人生には真の意味などないのだから、各人が自由に自分の道徳的·宗教的価値観を作り上げて、好き勝手に生きるべきなのだというわけです。

壮大な戦い

この刹那的で「何でもあり」という文化的環境にあって、信条は、私たちを明確な現実の上に立たせるものであり、私たちの信仰と人生における選択とが関係し合っていることを私たちに思い起こさせるものです。信条は、天地創造から今日教会が担う聖化する使命の源であるキリストのあがないのみわざへと進展していく道筋を語りながら、大胆にも人類史全体に対する話の枠組みを構成しています。言い換えれば、信条は、人生には筋書きがあり、私たちが今現在存在するのには当然の理由がある、と教えているのです。信条は、天地万物が単なる偶然として今あるのではなく、唯一のまことの神である「天地を造られた方」によって在らしめられたのであり、神のご計画に従ってある方向へと動いていることをはっきりと示しています。また信条によれば、この神のご計画は、私たちに幸福と永遠の命への道を示すために、「人となられた」神の子である「唯一の主イエス・キリスト」において完全に啓示されたことになります。

さらに信条は特に、いかにしてイエスが「私たち人類とその救いのために」、また「罪のゆるし」をもたらすために来られたのかに触れています。

私たちは神によって救われ、神から罪をゆるしてもらう必要があると認めること自体、キリストの到来以前の私たちの状況が何かひどく険悪であったことを物語っています。それは、サタンとその手先が神に逆らったその起源と、いかに彼らが楽園にいたアダムとエヴァと残りの人類を堕落させて神に逆らう者たちの仲間にしたかということを指し示しています。

このように、信条の物語は、世の初めから怒涛のごとく湧き起こる激烈な戦いを暗黙のうちに伝えています。それは、善と悪、神と蛇（創 3:15; 黙 12:1-9）、アウグスティヌスが「神の国」と「人間の国」と呼んだもの、そして教皇ヨハネ・パウロ２世が「愛の文明」ないし「いのちの文化」と「死の文化」と呼んだものの間にある戦いです。

このように私たちは、自分たちの短い人生がこの壮大な物語に巻き込まれていることに信条を通して気づかされます。そして私たちにはそれぞれ、このドラマにおいて演じるべき重要な役割があるのです。問題は、「私がどれだけ上手く自分の役割を演じることができているだろうか」ということです。信条は、選択に正否の別はないと言い、私たちが何を信じようと、どう生きようと問題ではないという現代の相対主義的神話に私たちを与（くみ）させはしません。信条は、私たちが人生の終わりに、「生者と死者を裁くために栄光のうちに再び来られる」主イエス・キリストのみ前に立たなければならないことを思い起こさせます。その時、私たちの人生のあらゆる選択は、神が裁きをおこなうそのみ前で秤にかけられ、私たちがいかに生きたかに従って、正当な報いまたは罰が与えられることになるのです。

ですから信条は、この壮大な苦闘において、私たちをいい加減な傍観者のまま放っておきません。信条は、私たちがこの戦いのどちら側に付いて戦うことにするのか選び取るようにあえて要求します。私たちは、確かな正も否もないと考えさせようとするこの世の君主に従う道を選ぶべきでしょうか。あるいは、終わることのないみ国の幸福へと私たちを導かれる天地の王に従う道を選択をすべきでしょうか。

答えは自明です。私たちは、ミサの中で信条を用いて信仰告白するとき、公に全会衆と全能の神のみ前に立って、イエスとともに信条旗を立てるのです。私たちは、世俗のように生きるのではなく、「私は唯一の神を信じます……」と、「一心に主に忠誠を誓うように励みます」と、荘厳に宣言するのです。このように考えれば、信仰宣言において私たちは、単なる決まり文句を適当に唱えるだけで終わってよい、と考えるわけにはいかないことが分かるでしょう。

信じることの二つの側面

それにしてもなぜ、私たちは毎週毎週、同じ信仰告白を繰り返す必要があるのでしょうか。なぜ日曜日ごとに教会に戻って来て、「はい、私は今までどおりこれをすべて信じます」と言う必要があるのでしょうか。

信条の最初にあって、信仰に関する様々な表明を結びつけるキーワードが、ミサの中で毎週信条を復唱することの意味を浮き彫りにしてくれます。そのキーワードとはCredo「私は信じます」です。

『カテキズム』によると、信じることには二つの側面があります。まず、信じることは知的な何ごとかです。それは「神が啓示されたあらゆる真理への自由な同意」です。[91]

これは、信条において最も明白な側面です。私たちは、「神は唯一」

91　『カテキズム』150項。このことを、客観的な事柄を信じること、すなわち対象としての信仰 fides quae creditur と言います。

であり、イエスは「神の御ひとり子」であって、亡くなってから三日目に復活したことを「私は信じます」と断言するのです。また私たちは「聖霊」と「唯一の、聖なる、普遍の、使徒継承の教会」を信じ、知性をもって教会が公式に教えるすべての事柄に同意するのです。

その一方で、信仰にとってもっと根本的なのは、それが「神への人格的な帰依」であるということです。[92] 信じることを表わすヘブライ語 'aman は「アーメン」という語の語源なのですが、この一語がまさにそのことを表現しています。この語は、人が別の何ものかに拠って立つことを意味していると理解することができます。[93]

言い換えれば、旧約聖書の観点からすると、神を信じることは、単に神が存在するという知的信念だけを表わすのではなく、自らの人生を一個人として神に委ねることをも意味しています。それは、いかに神がまことに自分の人生の礎（いしずえ）であるかを表現しているのです。

数学の方程式と結婚

この信仰の「知的」ならびに「人格的」な二つの側面の違いは、数学の方程式と結婚の違いのようなものです。ある人が「２＋２＝４だと信じる」と言うなら、その人は、この声明は真実だと思うと言っているわけです。しかしながら、夫が妻に「ねえ君、僕は君を信じているよ」と言うとき、彼は単に彼女が存在することを信じていると主張しているだけではありません。彼は、「僕は君を信じているよ……僕は君に信頼しているから……僕の人生を君にささげるよ」と言っているのです。

同様に、私たちが信条の中で「唯一の神を信じます……」と言うとき、全く人格的な何事かを私たちは表現しています。単に神が存在すると断言する以上に（もちろん、そうなのですが）、私たちは「自分の全生涯を全く自分たちとは異なる唯一の方に委ねる」とも言っているのです。

92　同上。これを実存的応答であるところの信仰、態度としての信仰 fides qua creditur と言います。

93　ヨゼフ・ラッツィンガー『キリスト教入門』（小林珍雄訳、エンデルレ書店、1973 年）23, 25-27 ページ参照 [Joseph Ratzinger, *Introduction to Christianity*（San Francisco: Ignatius Press, 1990）, p. 39]。

このようなわけで、私たちは日曜日ごとにミサで信条を復唱しています。ちょうど夫婦がお互いの信頼と献身を誓い合い、普段からお互いに「あなたを愛している」と語り合うように、主に身をささげ、全生涯を委ねること、すなわちまさに主を「信じる」ということを、何度も何度も愛情を込めて語りかけながら、私たちは信条において主への献身を毎週更新するのです。

このような〈心から信じる〉ということの聖書的な意味を思うとき、信条とは、単に紙の上でチェックされる必要がある教義目録ではないことがはっきりとわかります。信条の「私は信じます」は、毎週、ますます私たちの生活を、また人生を神に任せるように、と私たちを招いているのです。

このことは、「私の生活の中心に実際のところ誰がいるのか。私は実際のところ誰に信頼を置いているのか」と問いかけるよう私たちに要求しています。信条の諸表現と直面するとき、私たちは、「私は本当に一生懸命に神の御旨を追い求めているだろうか。それとも、自分自身の願望、夢、計画を優先して自分の思いを第一に追い求めているのではないだろうか」と自問することができます。「私は本当に自分の生活を主なる神に任せているだろうか。それとも私の生活には、イエスの道にそぐわない領域があるのではないか」。「私はみ摂理であるイエスのご加護に自分の心配事を委ねているだろうか。それとも、私は自分で自らの人生をコントロールすることを放棄して、神にもっと信頼することを恐れているのではないか」。

私たちの中に完全な信仰を持つ人は一人もいませんが、私たちは信仰宣言を唱えるとき、神への信仰を育みたいという願望、つまり私たちの人生をよりいっそう神に委ねたいという願望を表現しています。私たちが神以外の何事かあるいは何者か（私たちの能力や地位、計画、財産、経歴、政治家、友人）に全幅の信頼を寄せることは愚かなこと、落胆に終わることであるかもしれません。私たちが全幅の信頼を寄せるに値するのはただ神のみです。

イエスは次のように言われました。「何よりもまず、神の国と神の義を求めなさい。そうすれば、これらのものはみな加えて与えられる」（マタ 6:33）。「神の国のために、家、妻、兄弟、両親、子供を捨てた者はだれでも、この世ではその何倍もの報いを受け、後の世では永遠の命を受ける」(ルカ 18:29)。

『カテキズム』はこの点を次のように指摘しています。「キリスト者の信仰は、神への人格的な帰依と神が啓示された真理への同意ですから、だれか一人の人間を信じることとは違います。全面的に神に信頼し、神が語られることを固く信じるのは、正しく、よいことなのです。神でないものをこのように信じることは空しく誤っています」。[94]

私たちは、「あなたにとって私は何者だというのか」(マタ 16:15 参照)というイエスの問いに、どれほど的確な答えを持っているでしょうか。私たちは、ミサ聖祭において教会が証している神である方を自らの人生の主として選び直すように、いつも新たにその方への信頼を告白するように求められているのです。毎日、毎週、毎月、毎年！

父と同一実体

最後に、ミサ典礼書の新しい英語訳の信条に、ごくわずかですが、語彙にいくつかの変更が加えられたことについて簡単に述べます。

第一に、新しい翻訳は、信条の冒頭である「私は信じます、唯一の神を……」に単数形の「私」を使うことで、他の西欧諸国における信条とよりいっそう近いものとなっています。実は第二バチカン公会議の後、英語だけがラテン語 credo の単数形「私は信じる」を複数形「私たちは信じる」と訳した唯一の主要欧語でした。それは確かに古代教会の慣習でもありました。しかしながら現在の英語のミサ典礼書では、(原文どおり) 単数形の「私」とすることで、信条はより個人的なものになり、各人が信仰を内面化するように促されています。

『カテキズム』が説明するように、「私は信じます」は「一人ひとりによってここに宣言されている教会の信仰」[95] を言い表わしています。洗礼式や復活祭の折に洗礼の約束を更新するとき、私たちはこのことをおこなっているのです。各人は、自発的に答えるよう促されます。司教、司祭または助祭から「あなたは悪霊を退けますか」と問われて、「(私は)

---

94 『カテキズム』150 項。

95 『カテキズム』167 項。

退けます」と答えるように。

第二に、以前の英語のミサの翻訳のように、神は「見られるものと見られないもの、すべてのもの」[96]の造り主であると言う代わりに、今日では私たちは、ラテン語規範版に即して神が「見ることのできるものとできないもの、すべてのもの」[97]の造り主であると言います。これは万物の創造について、「天にあるものも地にあるものも、見ることのできるものもできないものも」（コロ 1:16）と述べているパウロの言い回しをより的確に反映しています。

第三に、ミサのラテン語規範版に見られるキリスト論的で専門的な言い回しの幾つかが、現在の英語版の典礼書の中に保持されていることを見てみましょう。かつての英語のミサの翻訳は、イエスのことを「父と一体」[98]であると言っていましたが、今では、私たちはイエスのことを「父と同一実体」[99]であると述べています。これは、御子が御父と「同じ実体」（ギリシア語で homoousios）であるということを明確にし、アレイオス（アリウス）という人物の教えを異端として批判したニケヤ公会議（325年）の神学的言い回しを、より厳密な形で反映しています。アレイオスの教えによると、イエスは「かつては存在しなかった諸物に由来する」存在であり、父の実体とは異なる「別の実体から」造られたのだということになります。[100] 英語系の現代人が consubstantial（「同一実体」、ラテン語で consubstantialis）の翻字（ほんじ）を容易に口にすることはないかもしれませんが、信条にこの用語を使用することは、より的確にキリストと三位一体の神の神的本性を熟考する機会となります。

肉を受け人となられた

現在の英語の信条は、その叙述の中に、イエス自身の受胎についてのさらなる重要な神学用語を留めています。英語のミサの古い翻訳では、

96　（The maker）of all that is seen and unseen.

97　（The maker）of all things visible and invisible.

98　One in being with the Father.

99　Consubstantial with the Father.

100　『カテキズム』465 項を参照。

御子のことを次のように述べていました。「聖霊（の力）によって、おとめマリアより生まれ、人となられました」[101] と。新しい英語版のミサ式次第は、さらに厳密にミサのラテン語規範版を反映しています。というのも、その原典が、「神の御子が私たちの救いを実現するために人性を取られた」[102] ことを示すラテン語の神学用語 incarnatus（受肉した）を内包しているからです。

ヨハネ福音書の表現では、「ことばは肉となった」（ヨハ 1:14）です。したがって、私たちは目下、御子は「聖霊によって、おとめマリアより肉を受け人となられた」[103] と言っています。これはより的確な翻訳であるだけでなく、信条で表現されている神学的な要点をより正確に捉えていると言えます。神の御子は、おとめマリアから生まれただけではありません。御父と同じ実体を持つ永遠の神の御子は、実際に人間の肉体をとられました。まさに「私たちが神化されるために神である方は人となられた」[104] のです！　しかも弱さと貧しさのうちに（ルカ 2:7 参照）、謙遜な女性と清貧で神の目に正しく生きる男性の下で（ルカ 1:38, マタ 1:19 参照）、真に神は人となられたのです。

このことはキリストの受肉の神秘が、私たちの現実すべてに浸透していることを意味しています。つまり受肉の神秘は、私たちが皆、無条件で、無償で御父から大切なものとされていること、愛されていることを証しているのです。どのような人間的な地位や名声、職業や身分とも全く関係なく、神は私たちのすべてとなって下さったのです。私たちは聖マリア、聖ヨセフと同じように、このような神にこそ心から信頼すべきです。

101　By the power of the Holy Spirit he was born of the virgin Mary, and became man.

102　『カテキズム』461 項。

103　英訳は [The son] by the Holy Spirit was incarnated of the Virgin Mary, and became man. ラテン語規範版は、incarnatus est de Spiritu Sancto ex Maria Virgine, et homo factus est.「おとめマリアより『肉』を受け」が神学的には適訳と考えられますが、日本人の感性からすると馴染みのない表現になるため、日本語では「おとめマリアより『からだ』を受け」と訳されています。

104　アタナシウス『ロゴスの受肉』54（3)、小高毅訳『中世思想原典集成２　盛期ギリシア教父』（平凡社、1992 年）134 頁参照。

続いて信条において、受肉の神秘への信仰告白と対をなす形で主の過越の神秘への告白がなされます。人類の同伴者であるイエスは、受難と死に際して、私たち一人ひとりの苦しみをともに担われた方として示されるだけでなく、復活において私たちを永遠の命に伴われる方としても示されています。キリスト教の信仰の中心は、まさにキリストが私たち一人ひとりのために死んで下さったことだけでなく、私たちのために復活されたことを信じることなのです。

さらに第三の位格である聖霊に対する信仰告白に続き、その聖霊によって教会を通じて継続される救いのみわざに対する信仰が表明され、三位一体の神とその花嫁である教会の神秘への信仰告白としての信条は完結します。

12. 共同祈願

ことばの典礼は、「信者の祈り」（oratio fidelium）として知られる共同祈願において最頂点に達します。これはミサの中でも最も古い構成部分の一つで、紀元155年にはすでに殉教者ユスティノスがそのことについて証言しています。

ユスティノスは、キリスト教徒がミサで何をするのかを説明し、祈りや儀式の概要を記しながら、ローマ皇帝に宛てて手紙を書きました。この書簡において、彼は聖書朗読と説教の後にささげられる執り成しの祈りについて次のように記述しています。「それから私たち一同は起立し、永遠の救いにあずかるために正しく生き、行動し、また掟に忠実であるように、自らのため……また至るところの、他のすべての人のために祈ります」。[105]

当然のことながら、これは今日のミサの「共同祈願」と実によく似ています。つまり「共同祈願」は、少なくとも2世紀の殉教者ユスティノスの時代にまで遡る教会の伝統にもとづく執り成しの祈りなのです。

しかし、執り成しの祈りの実践は、キリスト教の歴史の中でさらに遡ります。ペトロがヘロデによって投獄されたとき、エルサレムの教会は「彼のために熱心な祈り」をささげ、その夜、み使いがやって来て鎖をはずし、彼を解放しました（使 12:1-7）。

パウロは、弟子であるテモテに勧めを与えて、すべての人のために執り成しをするよう次のように言いました。「願いと祈りと執り成しと感謝とをすべての人のためにささげなさい。王たちやすべての位の高い人のためにもささげなさい。私たちが、常に敬虔と気品を保ち、穏やかで静かな生活を送るためです。これは、私たちの救い主である神の前に良

105　殉教者ユスティノス『護教論 *Apologia*』1, 67 および『カテキズム』1345 項の引用を参照。柴田有訳『ユスティノス』―『第1弁明』（教文館、1992 年）86 ページ、67 項。

いことであり、喜ばれることです。神は、すべての人が救われて、真理を認識するようになることを望んでおられます」（１テモ 2:1-4）と。パウロ自身、自分が関係した諸教会共同体の必要のために絶えず祈り（１テサ 1:2-3）、また彼らに願って自分の任務のために祈ってもらいました（２コリ 1:11）。

新約聖書において、執り成しの祈りがこのように強く求められていることを考えれば、共同祈願が正式にキリスト教の早初期からミサの中にその場を得ていたのもふさわしいことです。しかしながら、この共同祈願は、中世期を通じて長い間、ローマ典礼のミサ聖祭においては忘れ去られていました。それゆえこれを再興したことは、第二バチカン公会議の改革の重要な出来事の一つだと言えます。

祭司的な執り成し

こうしたミサにおける共同祈願は、信者にとって意義深い時を表わしています。『ローマ・ミサ典礼書の総則』は、信者がこの共同祈願において「祭司職の務めを実行している」ことを指摘しています。[106] 神の民、すなわち叙階された聖職者、修道者、そして信徒たちすべてに、祭司的役割が与えられているということが聖書の中で証言されています。キリストが私たちを「祭司の王国」として下さった（黙 1:5-6 を参照）がゆえに、私たちは「選ばれた民、王の祭司」（１ペト 2:9）なのです。

祭司職がミサのときに実践される一つの方法は共同祈願のうちにあって、それによって私たちは全人類を代表して、キリストの祭司的祈りに参与しているのです。イエスは喜んで全世界のために執り成しながら、胸中の思いを打ち明けました（ヨハ 17 章）。イエスは、「ご自分を通して神に近づく人々を、完全に救うことがおできになります。……彼らのために執り成しておられるからです」（ヘブ 7:25）。私たちは、典礼のこの機会に、独特な方法でキリストの執り成しに参与するのです。

『カテキズム』は、執り成しの祈りが「神のあわれみに結ばれた心の持ち主の特徴的な行為」[107] であると述べています。私たちが本当に神の

106　『ローマ・ミサ典礼書の総則』69 項。

107　『カテキズム』2635 項。

思いと合致しているなら、他者のために自然と祈りたくなるはずです。ことばの典礼の頂点は、こうした共同祈願をささげるには絶好の時です。

ミサのこの段階に至るまで、信者は、聖書において示され、説教で詳しく説かれ、信条において要約された主のことばを耳にしてきました。そして、神のみことばによって涵養されてきた信者は、イエスの思いと一つになって、教会と世界の必要のために祈りながら、神の呼びかけに応えるのです。

祈りは普遍的な視野で、たとえば権力者のため、様々な必要や苦しみを抱えている人々のため、そして万人の救いのために[108] おこなわれなければなりませんから、共同祈願を通して、私たちは自分自身のことだけではなく、「他人のことにも」（フィリ 2:4）注意を払うように訓練されます。

ミラノのアンブロジウス典礼においては、キリストの教え（マタ 5:24）にもとづいてこの共同祈願の終わりに、つまり供えものを祭壇にささげる前に、一同は平和の挨拶を交わします。また正教会においては、共同祈願に相当する長い連祷の後、感謝の典礼の開始に相当する大聖入の前に、古代教会からの伝統に従って、啓蒙者（未信者）の退席が宣告されてから、あらためて全世界の平和と神の聖なる諸教会のため、また人々の一致のために、さらに私たちが憂い、怒り、艱難から免れるように祈ります。そして、霊肉ともに穢（けが）れから浄められ、罪無くして聖なる祭壇の前に立つことのできるように、また生命と信仰、神に関する知識が増し、神への畏れと愛をもって聖なる秘跡を受け、天の国に入る勝利者として下さるよう祈るのです。

108　『ローマ・ミサ典礼書の総則』は、共同祈願の意向は、まず教会の必要のため、次に国政にたずさわる人々と全世界の救いのため、困難に悩む人々のため、現地の共同体のため、という項目を示しています（70 項）。

第４部

感謝の典礼

感謝の典礼と呼ばれるミサの後半において、司祭はイエスの十字架上のいけにえを祭壇上に現存させるのですが、そのとき司祭は、イエスが最後の晩餐でなさったこと、また使徒たちに自分の記念としておこなうように命じられたことを実行します。

感謝の典礼では、パンとぶどう酒が会衆によって供えものとしてささげられ、聖別されてイエスの御体と御血に変化し、私たちはそれを聖体拝領において受けるのです。この第４部を次の３つの主要部分に分けてそれぞれについて考察していきましょう。すなわち、A. 供えものの準備、B. 奉献文（エウカリスチアの祈り）、C. 交わりの儀――の三つです。

A. 供えものの準備

典礼の中で供えものをささげることは、初代教会の実践にその起源があります。殉教者ユスティノスは、紀元 155 年には、すでに執り成しの祈り（共同祈願）の後に、信者が司祭のもとにパンとぶどう酒を携えて行く習慣があったことを語っています。[109] またヒッポリトス（215 年）も同じような実践を書き留めています。[110] 儀式が発展するにつれ、信者たちあるいはその中の代表者が行列を作って祭壇へ進み、パンとぶどう酒に加えて、油、はちみつ、羊毛、果実、蜜ろう、あるいは花のような広範な供えものをささげていたようです。パンとぶどう酒は感謝の典礼に用いられましたが、他方、その他の供えものは司祭の生活を支えるため、また貧しい人々のために役立つようささげられました。

この実践は、かつて「公教会五つの掟」の一つとしておこなわれ、現在の教会にも受け継がれています。すなわちキリスト信者は、「教会が神への礼拝、使徒職及び愛徳のわざ、および奉仕者の生活の正当な維持に必要なものを援助するために教会の要請に応ずる義務を有する」と同

109　殉教者ユスティノス『護教論 *Apologia*』1, 65、『カテキズム』1345 項の引用を参照。柴田有訳『ユスティノス』―『第 1 弁明』（教文館、1992 年）84 ページ、65 項参照。

110　ヒッポリトス『使徒伝承』（土屋吉正訳、オリエンス宗教研究所、1983 年）5, 6, 21, 31 項。

時に、「社会正義を促進し、主の命令を心に留め、自己の所得をもって貧しい人を援助する義務を有する」（教会法第222条）のです。

ミサのこの部分は、「奉納」（offertorium）という名称としても知られていますが、それは供えること、携えること、ささげることを意味するラテン語のofferreに依拠しているからです。今では「供えものの準備」とも呼ばれていますが、そこにはやはり「いけにえ」という概念が残っています。実際、これらの供えものをささげることそのものにかなり重要性がありました。なぜなら、それらは概して個人宅や個人の畑から持って来るもの、あるいは手作り品だったからです。

そのように、供えものは自分自身をささげることを表現していました。確かに、自分たちの重労働の実りを手放すことには犠牲的な意味合いが含まれていたように思われます。そのため、供えものをささげることは、個々人が自分自身を神にささげることを象徴しているのです。

アウグスティヌスは『神の国』の中で次のように述べています。

「私たちが聖なる交わりをもって、神と固く結ばれるためになすあらゆるおこないこそ、真の奉献なのです。すなわちそれらのおこないは、私たちを真に幸福にし得る、あの究極の善とつながっているのです。それゆえ、人を助けるあわれみのわざも、もしそれが神のためになされていないのなら人によっておこなわれ、ささげられていても奉献ではありません。奉献とは神に関わることだからです。……神の名において聖別され、神に献身した人自身は、神のために生きようとして世に対して死ぬ限りにおいて奉献となります。……あがなわれた国民全体、すなわち聖徒の集いと共同体が、大祭司［キリスト］によって普遍的なささげ物として神に奉献されるということが実現するのは明らかです。……キリストは僕の姿をとった者として仲介者であり、祭司であり、奉献そのものだからです。……それゆえ使徒パウロは……この世にならうのではなく、むしろ心を新たにして自分を変えていただくように励まし、何が神のみ旨で、何が善いことであり、神に喜ばれ、また完全なことであるかを考えるように勧めたのです……。（教会が絶えずおこなっている奉献である）この秘跡において、教会が神にささげるもののうちに、教会そのものがささげられているということが教会に示されているのです。」（『神の国』10, 6）

13. 供えものの準備、奉納

ミサにおけるパンとぶどう酒のささげものについては、聖書の中に強力な裏付けがあります。パンとぶどう酒は、イエスの時代の過越祭や（後で論じる）最後の晩餐で用いられたことに加えて、イスラエルのいけにえの儀式において定期的にささげられていました。パンとぶどう酒の象徴的意義、そして神にこれらの供えものをささげることが何を意味したのか考察してみましょう。

聖書において、パンは今日の多くの西洋社会でそうであるように、単なる食事の添え物ではありませんでした。古代イスラエル人たちにとって、パンは最も基本的な食物で、生命維持に不可欠な食物と見なされていました（シラ 29:21; 39:26）。それどころか、「パンを食べる」という表現は、一般的に純粋に「食べること」そのものを指しているものと考えられます（創 31:54; 37:25; 王上 13:8-9, 16-19）。聖書はパンを糧（「パンによる支え」）のようにさえ描写していますが、これはパンがいかに人間の命の支えとして理解されていたかを示しています（レビ 26:26; 詩 105:16; エズ 4:16; 5:16）。

さらにイスラエル人たちは、自分たちのパンをある一定量、定期的なささげものやいけにえとして（出 29:2; レビ 2:4-7; 7:13）、恒例の「七週の祭り」（レビ 23:15-20）[111] のときにささげるよう告げられました。自身のパンを差し出すことは、個々人が自らを神にささげることを表わすまさに個人的な犠牲的行為であったものと思われます。ちなみに、いわゆる初代教会の「パンを割く式」（使 2:42 参照）は、酵母を入れたパンを用いておこなわれていたであろうと言われています。西方教会は九世

111　「七週の祭り」は、ヘブライ語では「シャヴーオート」と呼ばれ、ギリシア語で言うところの「ペンテコステ」（五旬祭）に相当する祭りで、英語では “Feast of Weeks” と言われます。

紀以後、ユダヤ教化の影響で種無しパンを用いるようになり今日に至っていますが、一方、東方教会は、カトリック東方諸教会においても正教会においても、聖体礼儀（ミサ）に用いるパンは通常酵母を入れて発酵させたものを用いています。

同じように、ぶどう酒は単なる副飲料水（side beverage）ではなく、古代イスラエルの食事の際に提供された通常の飲みものでした。ぶどう酒はパンと一緒に消費され（士 19:19; サム上 16:20; 詩 104:15; 士 10:5)、祭りの時（サム上 25:36; ヨブ 1:13）や客人を迎えた時（創 14:18）に出されました。さらに、パンのようにぶどう酒もまたイスラエルではいけにえとしてささげられました。

ぶどう酒は十分の一税として神殿にささげられた初物の一つであり（ネヘ 10:36-39)、またイスラエルの感謝やあがないのためのいけにえをささげるときに神酒（献酒）として注がれました（出 29:38-41; 民 15:2-15)。いけにえの供えものと個々の供犠者との間には密接な関係があったので、パンとぶどう酒をささげることは、まさに自己奉献を象徴するものでした。また旧約において､パンとぶどう酒は神の国の豊かさ、恵みのしるしでもありました（イザ 25:6-9, 55:1-3)。

今日、同じことがミサの中でささげられる私たちの供えものにも当てはまります。パンとぶどう酒において、私たちは被造物としての賜物や労働の結果（ミサの祈りがそれらのことを「大地の恵み、労働の実り」と呼んでいます）を神にお返ししながらささげているのです。

結局のところ、この儀式はパンとぶどう酒の供えものによって、私たちが全生涯を神にささげることを象徴しているのです。ある人が、注釈として次のように書いています。「どんなパン屑でさえも、耕して種をまく重労働、額に汗して得る収穫、トウモロコシをずっと脱穀していた腕の疲れ、燃えたぎるパン窯のそばでパン生地をこねるパン職人のつぶやきを偲ばせてくれるのです」[112] と。

ぶどう酒についても同じことが、言えるでしょう。ぶどう酒は、一年を通して丹念に手塩にかけて育てられてきたぶどうの木から収穫される

112　Georges Chevrot, *Our Mass* (Collegeville, MN: The Liturgical Press, 1958), p. 98.

ぶどうから作られるからです。

お金に勝るもの

献金の実践は（結局のところ、これによって油や果実、その他の様々な供えものからなる奉納の存在感が薄くなったのですが）、同じ視点で理解することができます。お金を献金の籠の中に入れることは、単に何か正しい理由に適った献金をするだけではありません。それは、自分たちの生活を神にささげることをも表現しています。私たちのお金は、生活時間と重労働を具体的に表現しており、ミサの間、ミサの供えものを奉納しつつそれらを神にささげるのです。また初代教会でも、エルサレムをはじめ諸地域にある教会共同体を助けるために募金がおこなわれていたことが記されています（1コリ 11:21, 16:1）。

それでもなお、キリスト信者の中には、「神様はなぜ、私たちからの供えものを必要とするのか。神はご自分の子を遣わされ、その方は私たちの罪のために死んで下さったのではないか。それなのになぜ神様は、パンとぶどう酒とお金という私たちのちっぽけないけにえを今なお必要とされるのか」と訝（いぶか）しがる人もいるかもしれません。

結論から言えば、神はこのようなものを必要とはしておられません。何も事欠くことなく、私たちの供えものがあろうとなかろうと神は神であられます。しかし一方で、私たちは献身的な愛の中で自らを成長させる必要があります。これこそ、神が私たちを招いて、私たちの生活をご自分に結び合わせようとしている一つの理由なのです。私たちは、こうした小さなささげものによって自身をいけにえとしてささげる愛のうちに成長し続けます。

さらに、ささげものそれ自体に大した価値はないにしても、私たちがそれらをイエスの完全ないけにえと結び合わせるとき、それらに計り知れない価値が生まれます。イエスの弟子たちは、自分たちが持っていたほんの僅かなものを彼に差し出すことによって、イスラエルの人々だけでなく異邦人も含めた膨大な数の人々の命を満たす主のみわざに参与しました（マコ 6:30-44; 8:1-10）。それゆえ、ミサで私たちが供えものをささげるとき、それらはまるで（供えものに象徴される）私たちの生活のすべてと小さないけにえのすべてを（司祭がその代理をつとめる）イエスご自身の手に委ねるようなものです。[113] それから、司祭は私たちの運ぶ供えものを受け取って祭壇に奉納します。その祭壇こそ、私たちがキリストの御父へのささげものと結ばれていることを表現するために、キリストのいけにえが現存させられる神聖な場所なのです。

113　Jeremy Driscoll, *What Happens at Mass*, p. 66 を参照。

14. ぶどう酒と水の混合、手の洗浄、奉納祈願

古代世界において、ぶどう酒を少量の水で薄めることは普通におこなわれていたこと[114]ですが、キリスト信者は感謝の祭儀の中で水とぶどう酒が混ざるこの瞬間に深い神学的意義を見出してきました。その重要性は、この儀式に伴う次の祈りに表わされています。

Per huius aquae et vini mysterium eius efficiamur divinitatis consortes, qui humanitatis nostrae fieri dignatus est particeps.
この水とぶどう酒の神秘によって、私たちと同じ人性をわかつ者となることを望まれた方の神性に、私たちがあずかることができますように。

この実践の伝統的な解釈によれば、ぶどう酒はキリストの神性を、水は私たちの人性を象徴しています。水とぶどう酒を混ぜることは、神が人となる神秘、すなわち受肉を指し示しています。
それはまた、私たちがキリストの神聖な命にあずかるように、「神の本性にあずかる者」（２ペト 1:4）となるように招かれていることをも示しています。
また司祭は、ユダヤ教の伝承に起源を持つことばを用いて、パンとぶどう酒を供える祈りをささげます。そのことばは、おそらくイエスの時代に、食事に出されたパンとぶどう酒の上にささげられたユダヤ教の祝福にちなんで構成されています。

114　たとえば古代ギリシアにおいては、プルタルコスの『モラリア』の各編、アテナイオスの『食卓の賢人たち』などを見れば明らかなように、ぶどう酒をそのまま水で割らずに飲むことは野蛮なこととされていました。

（パンをささげる祈り）

Benedictus es, Domine, Deus universi,	あなたはほめたたえられる方、万物の神である主よ。
quia de tua largitate accepimus panem,	あなたの寛大さのおかげで、私たちはパンをいただくからです。
quem tibi offerimus,	私たちはそれをあなたにささげます。
fructum terrae et operis manuum hominum:	（すなわち）大地の実り、人の手の労働の実りを。
ex quo nobis fiet panis vitae.	それが私たちの命のパンとなるのです。

（ぶどう酒をささげる祈り）

Benedictus es, Domine, Deus universi,	あなたはほめたたえられる方、万物の神である主よ。
quia de tua largitate accepimus vinum,	あなたの寛大さのおかげで、私たちはぶどう酒をいただくからです。
quod tibi offerimus,	私たちはそれをあなたにささげます。
fructum vitis et operis manuum hominum,	（すなわち）ぶどうの木の実り、人の手の労働の実りを。
ex quo nobis fiet potus spiritalis.	それが私たちの霊的な飲み物となるのです。

あなたに受け入れられますように

司祭の次の祈りは、パンとぶどう酒の供えものとそれらを神にささげる奉納者（共同体）との関係をより明確にしています。司祭は、次のように祈ります。

In spiritu humilitatis et in animo contrito suscipiamur a te, Domine; et sic fiat sacrifícium nostrum in conspectu tuo hodie, ut placeat tibi, Domine Deus.

主よ、へりくだる霊と悔い改める心のうちに、私たちがあなたに受け入れられますように。そして主なる神よ、今日、み前にささげる私たちのいけにえがふさわしいものとされ、あなたを喜ばせるものとなりますように。

この祈りの中で描かれている私たちのいけにえとは、パンやぶどう酒のように神にささげられる何らかの物ではなく、「私たちがあなたに受け入れられますように」ということばから分かるように、それはミサに集まった「私たち」そのものであるということに注目して下さい。奉納の終盤（司祭が手を清める前）に、祭壇上のささげものだけでなく、司式司祭も含めて列席者すべてに対しても献香がおこなわれる理由はここにあります。

この祈りのテーマは、「へりくだる霊と悔い改める心」という表現とともに、ダニエル書補遺「アザルヤの祈りと三人の若者の賛歌」に記されている、燃え盛る炉に投げ込まれた三人のヘブライ人の切なる願いを思い起させてくれます。バビロンの王に迫害されたシャドラク、メシャク、アベド・ネゴは、「へりくだる霊」と「悔い改める心」とともに、神殿にささげられた焼き尽くすいけにえであるかのように、自らを、主に受け入れてもらえるようにと叫び声を上げました。言い換えると、この三人は、まさに自分たちの命を神にささげるいけにえとしたのです（アザ 16-17）。主は彼らの叫びを聞き、彼らを救われました。

ミサでは、司祭が同じように切に神に願います。これまで私たちの生活が、いかに主にささげられたパンとぶどう酒と結ばれたものであるかを見てきましたが、司祭は、シャドラク、メシャク、アベド・ネゴのように、「へりくだる霊」と「悔い改める心」をもって、私たちが神にとって喜ばしいいけにえとして受け入れられるように願い求めながら、私たち皆に代わって神に叫びを上げるのです。[115]

至聖所に入る

次に、司祭は劇的な出来事が今まさに起ころうとしていることを知らせる所作として、自身の手を洗い清めます。この典礼的実践は、旧約聖書の祭司にちなんだ儀式を思い起こさせます。

祭司とレビ人が聖別されるとき、聖所で自らの務めを果たすときには、それに先んじて彼らは清めの儀式を受けなければなりませんでした（出 29:4; 民 8:7）。祭司は、臨在の天幕に入る前や香をたく祭壇に近づくときに、海と呼ばれた青銅の洗盤で手（と足）を洗い清める必要がありました（出 30:17-21）。詩編 24 では、神殿に入る準備をしている人々にとって、この儀式がいかに重要であったかが示されています。「誰が主の山に上り、誰が聖所に立つのか。（それは）汚れのない手と清い心を持つ人。魂をむなしいものに向けず、偽りの誓いをしない人」（詩 24:3-4）と。

清く汚れのない手が、いかに純粋な清い心と結ばれているかに注目して下さい。この詩編において、手の清めの儀式は、人が聖所で神の臨在に近づく前にいつも要求された内的な心の清めを象徴しているのです。

この聖書的背景のゆえに、司祭がミサで手を清めることは、いにしえのレビ人や祭司のように、最も聖なる場所、すなわち幕屋や神殿以上にもっと畏敬の念を触発する場所に今まさに司祭が立とうとしていることを表わしています。

神の臨在は、時々、旧約聖書の聖所において雲の形を取って可視的に現わされました（出 40:34; 王上 8:10-11）。しかしミサにおいては、神はさらにもっと親密な方法でご自分の民のもとに来ようとしています。司祭が祭壇の前に立つとき、その祭壇の上では、供えものであるパンとぶどう酒が速やかに変化して、まさにイエスの御体と御血になり、私たちが聖体拝領で主をいただくと、主はすぐさま私たちの中に住まわれるのです。唯一のまことの大祭司であるイエスは、司祭の手を通してこのことを実現なさいます。

115　実際には、この箇所の司祭の祈りは祭壇に深くおじぎをしながら沈黙のうちに唱えられます。

この最も厳粛な瞬間に備えて、司祭は新しい「至聖所」に近づくときに、いにしえの祭司と同じように手を清めるのです。そして、この聖なる務めにふさわしく心を整えるため、ダビデの謙虚な悔い改めの祈りを真似て司祭は次のように言います。

Lava me, Domine ab iniquitate mea, et a peccato meo munda me.
主よ、わたしの汚れを洗い、私の罪から私を清めて下さい（詩 51:2 参照)。

会衆は、司祭がこれらのことばと儀式的行為によって聖なる務めの準備をしている間、それをじっと見守りながら畏敬の念を抱きつつ、静かに座って待ちます。その終わりに、まさに準備の最後の行為として、司祭は会衆の方に向き直り、奉献文の祈りを始めるにあたり、皆に祈るように願い求めます。

Orate, fratres:	祈って下さい、兄弟のみなさん。
ut meum ac vestrum sacrificium	私とあなたがたのいけにえが、
acceptabile fiat apud Deum Patrem	全能の父である神のみもとに受け
omnipotentem.	入れられるものとなりますように。

この祈りの新しい英語版のミサの翻訳では、「私の」いけにえと「あなたがたの」いけにえと明確に言っており、ラテン語規範版をより正確に反映していて、より美しくこの祈りの意味を引き出しています。「私」の側のいけにえは、「キリストの代理者として」（in persona Christi）秘跡をおこなう叙階された司祭を通して現存するイエスのいけにえを指し示しています。

一方、「あなたがた」の側のいけにえは、ミサの中でキリストと一体となってささげられるもの、すなわち全教会そのものを言っています。会衆は、いかに両方のいけにえ（イエスのいけにえと自分たちのいけにえ）が一つとなり、司祭の手を通して御父にささげられることになるのかが解かる次の祈りをもって答えます。[116]

Suscipiat Dominus sacrificium de manibus tuis	主があなたの手からいけにえを受け入れて下さいますように。
ad laudem et gloriam nominis sui,	み名の賛美と栄光のため、
ad utilitatem quoque nostram	私たちとその聖なるすべての教会
totiusque Ecclesiae suae sanctae.	の善益のために。

116　ミサのとき、「信者は、第一に司祭の手を通して、第二にある意味で司祭とともにささげものを奉献するのです。」（教皇ピオ 12 世、回勅『メディアトール・デイ』92 項）こうして、信者はキリストの祭司職に十全的に参与します。

B. 奉献文

学者たちは、奉献文の起源が食事のたびに唱えられていたユダヤ教の食卓の種々の祈りにあると言って来ました。食事の初めに、家長または共同体の主宰は、パンを取り、神を賛美する祝福「バラカー」(barakah: ヘブライ語で祝福を意味する）のことばを口にして次のように言っていたようです。「万物の王、私たちの神である主をほめたたえよ。主は天からパンをもたらされたから」と。それからパンが裂かれ、会食者に分け与えられ、そして様々な品目からなる食事を始めます。

過越の食事では、最初のエジプトでの過越の話を繰り返し、イスラエルの歴史の基礎を形成する出来事を現世代に解釈した「ハガダー」(haggadah）の朗読もあったようです。これは、過去になされた神の救いのわざを現在化し、その話を自分たちの生活に生かすものです。

食事が終わるころに、主宰はぶどう酒の杯を祝福する二回目のより長い祝福「バラカー」(barakah）の祈りをささげました。

この祝福の祈りは３部構成になっています。すなわち、１）創造のみわざゆえの神への賛美、２）過去になされた神のあがないのみわざへの感謝（たとえば、契約や土地、律法の授与)、そして３）未来に向けての嘆願、つまり神の救いのみわざが自分たちの生活の中で継続し、ダビデの王国を立て直すメシアが遣わされ、自分たちがそのみわざによって究極的な救いに達するように、という嘆願です。

初期の奉献文は、このような一般的な食事の祈りの構成パターンを採っていたようです。その奉献文は、イエスの死と復活という救済の基礎を形成する出来事を繰り返し語りながら、パンとぶどう酒を祝福して唱えることばを含み、また創造のみわざゆえの神への賛美、救いのみわざゆえの感謝、そして嘆願をささげるという三重構造を含んでいました。この後ですぐに理解されることなのですが、こうした古代のユダヤ教的要素は今日のミサの奉献文の中にも見出されます。

現在のカトリック教会には主に、５世紀頃からローマ典礼の奉献文（Canon Romanus）として約1500年近く用いられてきた奉献文に依拠した第１奉献文をはじめ、第二バチカン公会議後に新たにカトリック教会が公認した第２、第３、第４奉献文、および２つのゆるしの奉献文、３つの種々の機会の奉献文があります。第２奉献文は、３世紀初頭のローマのヒッポリトスの『使徒伝承』に記されている奉献文に依拠したもの、第３奉献文はローマ、アレクサンドリアの伝統をアンチオキア式に改めたもの、そして第４奉献文はシリア・ビザンチン様式の奉献文、現在でも東方教会で用いられている『聖ワシリイ（バシレイオス）の聖体礼儀』をモデルに起草されたものと言われています。

このように現在のカトリック教会の典礼は、初代教会の様々な伝統を尊重し、それらに依拠した豊かさを享受していると言えます。そのため司祭は、必要最小限で短時間に済ませられるという理由だけで、単一の奉献文だけを延々と用いるべきではなく、教会の典礼的伝統の多様性を適切に活かすよう努める必要があるでしょう。

それではこれから、奉献文を構成する次の部分について、順に考察していきます。

１）叙唱
２）感謝の賛歌　*Sanctus*
３）聖霊の働きを求める祈り　*Epiclesis*
４）聖体制定の叙述／聖別
５）信仰の神秘　*Mysterium Fidei*
６）記念　*Anamnesis*、奉献、取り次ぎ、栄唱

15. 叙唱

奉献文は3部構成の対句とともに始まりますが、それは少なくとも3世紀から教会で唱えられてきたものです。

Dominus vobiscum.	主があなたがたとともに。
-Et cum spiritu tuo.	また、あなたの霊とともに。
Sursum corda.	心を上に（挙げよ）。
-Habemus ad Dominum.	私たちは主に向けています。
Gratias agamus Domino Deo nostro.	私たちの神である主に感謝をささげましょう。
-Dignum et iustum est.	それはふさわしく正しいことです。

この対句は、歴史上、ヒッポリトスの奉献文（215年ごろ）の中で初めて見出されるものです。それから18世紀もの時を経た現在も、初代教会のキリスト信者と一つになって、私たちは継続的に同じことばを奉献文の初めに唱えているのです。

主があなたがたとともに（Dominus vobiscum）

私たちは､以前からずっと始めの対句（｢主があなたがたとともに｣｢また、あなたの霊とともに｣）を耳にしてきました。それは、ミサを始める開祭の儀や福音朗読の直前で用いられていました。第2部では、これと同じ挨拶が、聖書の中に見出される困難極まりない重大な使命に神によって招かれた人々に宛てて用いられているのを確認しました。

彼らが自分たちの責務を遂行するには、いつもともにいて下さる主を必要としていました。この点で、私たちがミサの中でとりわけ神聖な部分、すなわち奉献文を始めるとき、この挨拶が復唱されることは実にふさわしいことなのです。司祭と会衆はともに、ミサでささげられる神聖ないけにえの神秘にあずかる支度として、まさに主がともにいて下さることを必要とするのです。

心を上に

次に、司祭は「心を上に（挙げよ）」（ラテン語で sursum corda）と言います。この祈りは、エレミヤの哀歌に見られる類似する勧告「天におられる神に向かい、私たちの心も手も挙げよう」（哀 3:41）を彷彿とさせます。しかし、私たちの心を「挙げる」とは一体どういう意味なのでしょうか。

聖書において、人間の考えや感情や行動は人格から生まれ出て来るのですが、心はその人格の内奥の中心です。人が意図したことに向かっていくときは、いつもそこに人間の心が作用しています。それゆえ、ミサで司祭が「心を上に（挙げよ）」と言うとき、これからの展開に全神経を集中して注意を払うよう、私たちに強く求めているのです。これは、あらゆる心配事を脇に置くように、また奉献文において展開されていくことの崇高さに、私たちの思いや望みや感情、つまり私たちの心を集中させるように、との注意喚起です。

この要求は、パウロがコロサイの教会に宛てたことばを思い出させてくれます。「あなたがたはキリストとともに復活させられたのですから、上にあるものを求めなさい。そこでは、キリストが神の右の座に着いておられます。上にあるものを思いなさい。地上のものに心を寄せてはなりません」（コロ 3:1-2）。ちょうどパウロがコロサイの教会に「キリストがおられる上にあるもの」を探し求めるよう招かれたのと同様に、私たちも全存在を天にあるものに向けていくように招かれています。なぜならその天にキリストがおられるからです。そして、そここそが奉献文において私たちが赴（おもむ）くところなのです。正教会の聖堂においては、聖職者しか入れないイコノスタシス[117] の向こう側の至聖所が、この時まさ

117　「イコノスタシス」とは、東方教会の聖堂においてよく見られる聖所と至聖所の間にある多種多様なイコンで飾られた仕切りです。マタイ福音書のイエスの死を描いている場

に、天使と聖人に囲まれた天上の至聖所となると考えられています。

細心の注意

北アフリカの教父であった聖チプリアヌス（258年没）は、いかにこの祈りが、私たちの注意をこの世の雑念から引き離し、奉献文でおこなわれる荘厳な儀式に心を集中させるよう私たちを導いているかを説明しています。

> 愛する兄弟よ、立って祈る時、私たちは全身全霊で祈りに向き合わねばなりません。世俗にまみれた思いは過ぎ行くままに任せ、私たちの心を、ただ祈りのために傾けようではありませんか。なぜなら、司祭が奉献文の前の叙唱において、「心を上に（挙げよ）」と喚起し、これに人々は「私たちは（それを）主に向けています」と応えて祈りの準備を整えるのですが、そうすることで司祭もまた、主以外の何ものにも心を向けないことを心に刻み付けるからです。[118]

別の教父、エルサレムのキュリロス（チリロ）も同じ点を指摘し、信者たちにこの時の重大性に注意を払うよう促しました。

> 心を上に（挙げよ）――この崇高な時に際して、私たちの心を神へと高く上げなければなりません。うかつにも地上のことに、地上の心配事に心を落としてしまわないように気を付けなければなりません。ミサに献身している司祭は、その全身全霊をもって、この時ばかりは世俗の懸念や雑事を脇に置いて、人々を愛してやまない天におられる神に、私たちの心を向けるよう私たちに勧告しているのです。……心を上に挙げながらも世俗の関心事に気を取られてしまう

面で、神殿の「垂れ幕」が上から下まで真っ二つに裂けたことが記述されています（マタ27:51）。この垂れ幕とは、当時の神殿の至聖所と聖所を区切る帳（とばり）のことであったろうと言われているのですが、イコノスタシスは神殿のこの垂れ幕に相当するものと考えられています。

118　チプリアヌス『主の祈りについて *De Dominica oratione*』c. 31 参照。これについては、Thomas Crean が *The Mass and the Saints*, pp. 93-94 で英訳し引用しています。

ような心など持たぬようにしようではありませんか。[119]

続いてキュリロスは、主に気を配ることは私たちが常になすべきことではあっても、私たちは堕落することもある弱い存在なので、そうすることの難しさを認めています。

しかしそうであるにしても、もし最高に専心して、私たちが神に細心の注意を払う時間があるというのであれば、それは今この奉献文をささげる時なのです。「私たちは、もちろん常に神のことを思わなければなりませんが、人間の脆さゆえに、それは不可能なことでしょう。しかし、この神聖な時だけは、少なくとも私たちの心は神とともにあるべきなのです」。[120] 正教会の祭儀において、大聖入[121] の「ケルビムの歌」の前に語られる「今この世の慮（おもんぱか）りを悉（ことごと）く退くべし」ということばは、上述の教父たちのメッセージと同じ様な響きを持っているように思われます。

大いなる感謝

最後の典礼的対句において、司祭は「私たちの神である主に感謝をささげましょう」と言います。すでに栄光の賛歌（「感謝をささげます」）と聖書朗読の応答（「神に感謝」）で見てきたように、感謝は、神のいつくしみと私たちの人生における神の救いのわざに対する共通した聖書的応答です。主に感謝するように私たちを促す司祭は、詩編に見出される同じ勧めのことばを繰り返します。「主に感謝せよ。主はいつくしみ（恵み）深く……」（詩 136:1-3; また詩 107:8, 15, 21, 31 も参照）と。

ユダヤ教の慣習では、感謝とは、創造主に対して私たちが実際にささげることのできる唯一のものなのですが、実のところ創造主にとっては

119　エルサレムのキュリロス『洗礼志願者のための秘儀教話 *Catecheses Mystagogicae*』5, 4-5 を参照。Pius Parsch が、著書 *The Liturgy of the Mass* の p. 216 に英訳して引用しています。

120　同上。

121　カトリック教会で言われるところの聖体祭儀に相当する正教会における儀式「聖体礼儀」の中で（もちろん、その双方を完全に同一視することはできませんが）、儀式を執りおこなう司祭が、パンとぶどう酒を運んで、至聖所に据えられている祭壇の上に置くまでの一連の動作が大聖入と呼ばれています。

私たちに感謝されることなど必要ないのです。1世紀のユダヤ人釈義家アレクサンドリアのフィロンはこのことについて次のように説明しています。

> 神の性質の中で一番の特徴は、神が祝福を与えるお方だということだと私たちは断言します。しかし、もっとも大切なことは、神が天地を創造されたということであり、私たちはそのことに感謝するのです。そもそも、造られた者が神に恩返しをすると言っても、それすらも天地の創造主が造られたものなのですから、造られた者が神に恩返しをすることなどできないのです。ですから、唯一私たちにできることというのは、絶えず、どこにいても、神を讃え、神に感謝をささげることだけなのです。[122]

同じようにパウロも「キリスト信者の生活は、感謝の祈りによって特徴づけられるべきだ」と教えています。私たちは、「あふれるばかりに感謝すべき」(コロ 2:7) であり、すべてのおこないにおいて (コロ 3:17)、また「どんなことにも」(1テサ 5:18; フィリ 4:6 を参照)、特に賛美において（1コリ 14:16-19; エフェ 5:19-20; コロ 3:16 を参照）感謝すべきだ、と。

感謝の祈りをささげる聖書的な慣例に従って、司祭は私たちを「私たちの神である主に感謝する」ように招きます。しかもミサのこの時点で、私たちには既に感謝すべきことがたくさんあります。古代イスラエル人たちが敵から救い出されたことを主に感謝したように、御子を遣わして罪や悪魔から救って下さったがゆえに、今、私たちも神に感謝すべきなのです。キリストの死と復活であるあがないの行為が、このミサにおいて私たちにも実現しようとしているのですから、私たちはそれに対してへりくだって感謝を表わさなければなりません。

また、今まさに私たちの間で起ころうとしている神秘、奇しきみわざ

122　フィロン『植生について *De Plantatione*』,pp.130-131, A. G. Martimort の著書 *The Signs of the New Covenant*（Collegeville, MN: Liturgical Press, 1963）の p. 169 に英訳の引用があります。

にも感謝しましょう。祭壇にささげられたパンとぶどう酒が変化して、イエスの御体と御血になろうとしているからです。私たちの主であり王である方は、真に現存される聖体のうちに、すぐさま私たちとともにおられることになります。私たちの教会が神の存在の宿られる新しい至聖所のようになるにつれて、私たちの心は感謝で満たされていきます。私たちがそこに近づいていけるとは、なんと畏るべき特権でしょうか。私たちは、古代イスラエルの人々のように、神が住まわれる神殿に賛美と感謝に満ちた喜びの詩編とともに近づいていけるのです。事実、私たちは、巡礼者たちがエルサレムに近づいたとき耳にした詩編作者のことばの響き「感謝のうちに御前に進み」（詩 95:2）や「感謝して主の門に進み」（詩 100:4）を、司祭が「私たちの神である主に（賛美と）感謝をささげましょう」と促すとき、耳にすることになります。

とにかくミサのこの時点で、〈私たちには感謝すべきことが実に数多くあります。それゆえ、〈私たちの前で今まさに起ころうとしている神秘に対して、唯一のふさわしい応答は感謝である〉ということは間違いありません。「主に感謝するように」との司祭の招きに答えて、私たちは「それはふさわしく正しいことです」（Dignum et iustum est）と応えるのです。

叙唱

主に感謝するように私たちを招いた後、司祭は直ちに、感謝の祈りにおいて神に語りかけます。その起句は御父に宛てられていて、私たちが聖書に一貫して見てきたこと、すなわち、主に感謝することは神の民の本分であることを表現しています。たとえば、ある叙唱は次のように始められます。

Vere dignum et iustum est,	それはまことにふさわしく正しいことです。
aequum et salutare,	また当然のことであり、救いでもあります。
nos tibi semper et ubique gratias agere:	私たちが、いつ、どこでも、あなたに感謝をささげることは。

Domine, sancte Pater, omnipotens aeterne Deus.	主よ、聖なる父にして全能、永遠の神よ。

しかし、司祭はこの祈りを自分のためにささげているのではありません。司祭は、自分と一緒になって神に感謝をささげたいという自分たちの望みを今まさに表現した会衆に代わってこの祈りをささげているのです。それゆえ彼らは、神に感謝と賛美をささげることは、まったくもって「ふさわしく正しいこと」だと言うのです。

ヨハネ・クリゾストモは、（司教として自らが思い描く）司祭がいかにこの祈りの中で会衆を代表しているかを特筆しながら、この点を指摘しています。「感謝をささげること（エウカリスチア）を共同でおこなうのは正しくふさわしいことです。感謝をささげるのは、司祭だけではなく、会衆全員がおこなうことなのです。司祭が祈りを唱え始めると、信者は続いてこう言って同意します。『それは正しくふさわしいことです』と。その後、司祭は感謝のわざ、すなわちエウカリスチアを始めるのです」。[123]

叙唱は、旧約聖書の詩編に見られる感謝の様式を踏襲しています。一般的に感謝は、神の創造のみわざの賜物（詩 136:4-9）、民の生活の日々の糧（詩 67:6-7）、驚くべきみわざ（詩 75:1）、そして救いのみわざ（詩 35:18）に対してささげられました。

この種の詩編では、主が特別な方法で人間を救って下さったことに対して、それが癒しであるにしても（詩 30, 116）、敵からの救いであるにしても（詩 18, 92, 118,138）、あるいは困難からの解放であるにしても（詩 66:14）、神の民は感謝をもってそれに答えたと伝えられています。詩編作者は自分たちの試練といかに神がそれから自分たちを救ってくれたかを物語っていますが、同時にそれは、賛美と感謝の根拠になっています。

この形式は詩編 136 に見られます。この詩編は、詩編作者が創造の驚くべきみわざのゆえに、つまり大地と水と星と太陽と月を造ったがゆえ

123　ヨハネ・クリゾストモ『コリントの信者への第二の手紙注解 18:3』（*In Epistulam II ad Corinthios*, 18:3; PG 61, 527）、A. G. Martimort が著書 *The Sign of the New Covenant* の p. 170 で英訳して引用しています。また、「世界代表司教会議　第 11 回通常総会 提題解説」36 項で同箇所が引用されています。

に（詩136:4-9)、神に感謝することから始まります。それから、この詩編はイスラエルの歴史における神の救いのみわざを物語ることへと移行します。つまり、イスラエルの民をエジプトから連れ出し、紅海を分け、ファラオを海の水の中に飲み込ませ、イスラエルの民を荒れ野を通らせて導き、そして遂にイスラエルの敵を打ち負かしたことを語るのです。

次に、詩編作者は、かつて自分たちの先祖を救われたのと同じ神が、現在に至って、神の民を解放するためにいかに働きかけられておられるかをも高らかに語っています。自分たちの先祖をエジプトから解放したその神が、また「私たちが低くされていたとき、私たちを思い出し」、「敵から私たちを助け出し」（詩136:23-24）て下さったのです。それゆえ、詩編作者とともに集うその共同体には、感謝すべき大きな理由があるのです。

ご自分の民に対する神の愛は、歴史の中で終始一貫して変わることはありませんでした。神は、出エジプトの時代から現在に至るまで、ご自分の民にずっと誠実であり続けたのです。詩編作者は次のように結びます。「天の神に感謝せよ。いつくしみはとこしえに(変わることがない)」（詩136:26）と。

奉献文は、この聖書的な形式を踏襲しています。いにしえの詩編作者たちと同じように、私たちにも感謝すべきことがたくさんあるからです。詩編136のように、奉献文は救いの歴史の中で神がなされた驚くべきみわざを語ります。その語り口には多様な形式があり、それゆえ叙唱にはいくつもの選択肢があります。

この祈願の幾つかの形式は、天地創造のみわざのゆえに神に感謝をささげています。他の形式では、祝祭日や典礼季節にもよりますが、キリストの救いのみわざという特定の側面が強調されます。たとえば、降誕節に司祭は、神が人となられたことに感謝します。聖週間には、イエスがサタンに打ち勝つ時がいかに近づいているかに触れます。そして復活節には、キリストが私たちのために永遠の命を勝ち取られたことを神に感謝します。

しかし、これらの祈りはすべて、神の救いの計画の真髄について、つまり永遠の命を与えるキリストの死と復活のゆえに神に感謝することに焦点を当てています。

16. 感謝の賛歌 *Sanctus*「聖なる、聖なる、聖なる主よ」

Sanctus, Sanctus, Sanctus Dominus Deus Sabaoth.	聖なる、聖なる、聖なる万軍の神なる主よ。
Pleni sunt caeli et terra gloria tua.	あなたの栄光は、天と地に満ちています。
Hosanna in excelsis.	いと高きところにホザンナ。
Benedictus qui venit in nomine Domini.	主の名において来られる方は祝福されますように。
Hosanna in excelsis.	いと高きところにホザンナ。

私たちは、この祈りに促されて、聖体祭儀において現実に起こっていることを天使の視点で見ることができるようになります。

起句である「聖なる、聖なる、聖なる主よ」によって、私たちはすぐさま霊的に天に引き上げられます。これはイザヤ書の６章３節に由来するもので、この箇所において預言者イザヤは天の王が神の玉座に座しておられる幻を見ています。

そのとき、王の威厳が厳かに現われ、天のみ使いたちがその方を崇めています。イザヤは、「高く上げられた玉座に主が座っておられ、その衣の裾は聖所を満たしていた」（イザ 6:1）のを見たと伝えています。イザヤは、主の上に、六つの翼を持つ天使、すなわち「燃えているものたち」を意味するセラフィムを見ました。

この特異な呼称は、この天使たちが非常に神に近い存在であるため、神の輝きを放っていることをほのめかしています。そうではあっても、このような天使的存在でさえ非常に畏れかしこみつつ、神の臨在の前にあるのです。彼らは、神の満ちあふれる栄光に耐えられず目を背けて顔を覆い（イザ 6:2）、お互いに呼び交わし、喜びに狂気して賛美の歌を次のように歌います。

「聖なるかな、聖なるかな、聖なるかな万軍の主。その栄光は、全地に満ちる。」(イザ 6:3)

ここで「聖なるかな」という語が三度繰り返されていますが、これはヘブライ語における最上級の強調表現です。そのようにセラフィムは、〈全き聖なる方であり、すべての神々を超える唯一の神である主〉を歓呼のうちに讃えているのです。また、「主の栄光は全地に満ちる」と歌いながら、被造物の至るところに示されるその威光のゆえに神を賛美しています。(詩 8:1; 19:1-6; 24:1-3 を参照)

この天使の賛美の歌は劇的な効果を持っています。彼らが歌うとき、神殿の敷居は揺れ動き、その内部は煙で満たされます。イザヤは、当然のことながら畏れおののきます。イザヤは、自分が神の聖なる臨在に立ち会うには取るに足らない存在だと理解しつつ、「ああ、災いだ。私は汚れた唇の者。……しかも私の目は、王である万軍の主を見てしまった」(イザ 6:5) と言います。

天使たちとともに歌う

新約聖書において、ヨハネはこれと同じ体験をしました。彼は主の日に霊に満たされて (黙 1:10)、我を忘れさせる天上の典礼の幻を見たのです。ヨハネは栄光に輝く人の子イエスを見て、恐れながら「この方を見たとき、私は死人のようにその足元に倒れた」(黙 1:17) と言い、イザヤと同様の反応をしています。イザヤと同じように、ヨハネは神の玉座の前で、「聖なる、聖なる、聖なる、全能者である神、主。かつておられ、今おられ、やがて来られる方」(黙 4:8) と同じ賛美の歌を歌う六つの翼をもった天使のような生き物を見ています。全世界に現わされた主の栄光のゆえに、セラフィムが神を賛美したというイザヤの叙述を思い起こさせて、ヨハネは、その創造のみわざゆえに神を賛美しながら、いかに「二十四人の長老」が神の玉座の前にひれ伏して賛美の歌を歌っているかを、次のように伝えています。

私たちの主、また神よ、
あなたこそ、栄光と誉れと力とを受けるにふさわしい方。

あなたは万物を造られ、万物はあなたの御心によって存在し、
また造られたからです（黙 4:11）。

こうした背景を念頭に置くと、私たちがミサで「聖なるかな、聖なるかな、聖なるかな、万軍の神なる主よ……」と歌うとき、それが何を意味しているのか、より明確になるはずです。私たちは、天使たちや聖なる人々とともに声を合わせて、喜びの賛美をささげているのです。ですから、ミサのまさにこの時に、私たちも天使、聖人たちと同じようにすることは、実に畏れ多くもふさわしいことではないでしょうか。

聖体祭儀において、私たちはイザヤやヨハネのようになって、天上の典礼の域に達するのです。[124] 天使たちが歌ったとき、地が揺れ動き、神殿を煙で満たした幻の中でイザヤが見たのと同じ天の玉座に、今このとき、私たちも神秘的に入っていくのです。

預言者も使徒も、ともに自分は畏るべきしるしを見るには取るに足りない者であると感じていましたし、セラフィムでさえも、神の栄光のみ前を飛び交っているときに、あえて顔を覆う必要を感じていました。

彼らに倣って、私たちは今、祭壇の上に現存しようとしておられる王の中の王、全き聖なる神である主に出会うために備えるのです。この賛歌を歌った後、私たちが畏敬の念を持って跪いてきたのも実に理にかなったことだったと言えましょう。

「感謝の讃歌」つまり *Sanctus*（「聖なる」を意味するラテン語）として知られているこの祈りの後半で、私たちは、イエスがエルサレムに行列して入城された際に、彼を歓迎して群衆が用いたことば、「ホザンナ」（Hosanna）と「主の名において来られる方が祝福されますように」（Benedictus qui venit in nomine Domini）を繰り返します。

この二つの表現は詩編 118 に由来するのですが、もともとは巡礼の詩編として、主要な祭の折に、神殿に向かう道すがら唱えられていたものです。「ホザンナ」は「私たちを救って下さい」を意味するヘブライ語の音訳で､典礼的な礼拝において賛美の表現になっていたものです。「主の名において来られる方」の上に願う祝福は、普通、神殿にやって来る

124　『カテキズム』1139 項を参照。

巡礼者たちの上に祈り求められました。「枝の主日」として知られる日に、会衆は、主の名において来られる方、言い換えれば、〈神に等しく、神に代わって働きかけられる方であるイエス〉を迎えるためにこの表現を用います。

ですから、聖体祭儀のこの時点で、私たちがこの表現を繰り返し口にすることは、まったくもってふさわしいことなのです。エルサレムの群集が、詩編118に起源を持つこの表現によってイエスを聖なる町に迎え入れたように、私たちも自分たちの教会にイエスを迎え入れるのです。なぜなら、イエスご自身が、祭壇上の聖体のうちに、今まさに現存しようとしておられるからです。

17. 聖霊の働きを求める祈り *Epiclesis*

古代ユダヤ人の食卓の祈りにおける杯の祝福は、神がメシアをイスラエルに遣わして、ダビデの王国を再建して下さるようにとひたすら願う祈りを含んでいたことを、私たちは既に見ました。至極当然のことながら、初期キリスト信者たちは、これと同じ懇願を奉献文に含めました。

Epiclesis（エピクレーシス）[125]と呼ばれる聖霊の働きを求める祈りにおいて、司祭は、御父が聖霊を遣わして、パンとぶどう酒のささげものが私たちの主の御体と御血になるように祈ります。古代ユダヤ人たちがメシアを遣わして下さるよう神に切に願ったように、今ミサの中で、司祭は、パンとぶどう酒の形色のもとにメシアであり王である方が再び現存されますようにと、次のように祈ります。

Haec ergo dona, quaesumus, Spiritus tui rore sanctifica, ut nobis Corpus et Sanguis fiant Domini nostri Iesu Christi.

それゆえ、私たちはお願いします。あなたの霊の露によって、これらのささげものを聖なるものにして下さいますように。私たちのために、私たちの主イエス・キリストの御体と御血になりますように。（第二奉献文）

または、

Supplices ergo te, Domine, deprecamur, ut haec munera, quae tibi sacranda detulimus, eodem Spiritu sanctificare digneris, ut Corpus et Sanguis

---

125　Epiclesis はギリシア語で、元来「あだ名、あるいは一般的に『名』」を意味する語でした。それはある人を「その名」によって呼び、その人に呼びかけるときに用いられるその人の「名」ということです。この意から派生して、「名」に依り頼んで、その名をもつ方に祈り願うという意味が生まれました。それゆえこのことばは、「あるものの上に（神の助けなどを）呼び求めること」を意味するようになりました。

fiant Filii tui Domini nostri Iesu Christi.

それゆえ主よ、私たちは切にあなたに願います。これらの供えものは、聖なるものとしていただけるようにあなたにおささげしたものですが、あなたが同じ霊によって、これらを聖なるものにして下さいますように。あなたの御子、私たちの主イエス・キリストの御体と御血になりますように。（第三奉献文）

これとは別に、聖体制定の叙述の後に続くもう一つのエピクレーシス（聖霊の働きを求める祈り）があります。それは、古代ユダヤ教の種々の祈りの中で唱えられたもう一つの懇願、つまりダビデの家の再建を切に願うことと関係しています。ちょうど『メシアが、再建されたダビデの王国で神の民を一つにしてくれるように』と多くのユダヤ人たちが期待したように、私たちは、聖体祭儀において私たちのところにやって来られるメシアが、自分たちをその教会の中でもっと強固に一つにしてくれるにちがいない、と確信して願うのです。

それゆえ司祭は、聖霊に依り頼み、より大きな交わりにあずかる人々をすべて聖体が引き寄せてくれるように次のように祈ります。[126]

Concede, ut qui Corpore et Sanguine Filii tui reficimur, Spiritu eius Sancto repleti, unum corpus et unus spiritus inveniamur in Christo.

あなたの御子の御体と御血によって私たちが養われ、その聖霊に満たされて、キリストのうちにあって、一つの体、一つの霊となりますように。（第三奉献文）

同様に、他の奉献文においても、司祭は、聖体祭儀の中でキリストの唯一の体にあずかる私たちが、「一つに結ばれますように（congregemur in unum）」（第二奉献文）、あるいは「一つの体に集められますように（in unum corpus …… congregati）」（第四奉献文）と切に願います。

126　現在でも正教会では、一つの教会堂で主日に聖体礼儀（ミサ）がささげられるのは一回だけとされています。信者全員は完全に一つの祭儀に共に集うものとされているのです。

ちなみに東方教会、ことに正教会においては、秘跡制定句ではなく、このエピクレーシスこそ聖別の効果をもたらす要因であると考えられてきました。『聖ヨハネ・クリゾストモの聖体礼儀』では、主の晩餐のことばが先に唱えられ、その後、パンと杯のぶどう酒が聖霊の働きによって聖別されるように祈り、イエス・キリストを示す聖号（ICXC）を用いながら十字のしるしをすることによって、それらがキリストの御体と御血になると考えられています。

とはいえ東方教会の神学においては、そもそも全実体変化という概念がなく、またいつ、どのようにパンとぶどう酒が御体と御血に変化するのかという仔細な議論もさして重要ではありません。むしろ被造物の神との交わりを回復・実現させる聖体礼儀そのものによって、教会全体が聖なる者の集いへと変えられていくことの方が根本的に重要だと考えられてきました。[127] 聖体の保存および礼拝の習慣がない正教会においては[128]、聖体は仰ぎ見て拝む対象ではなく、「取って食べなさい」とキリストが言われたとおり、あくまでも皆がキリストの命にあずかるためにいただくものなのです。

127　注 18、117、166 の文献を参照。

128　現在のギリシア、ロシアなどの正教会には、ローマ・カトリック教会のように聖体を常時聖櫃に納めておくという習慣はありません。

18. 聖体制定の叙述 / 聖別

Accipite et manducate ex hoc omnes:	みな、これから取って食べなさい。
hoc est enim Corpus meum,	なぜなら、これは私の体、
quod pro vobis tradetur.	あなたたちのために渡されるものだから。
Accipite et bibite ex eo omnes:	みな、これから受けて飲みなさい。
hic est enim calix Sanguinis mei	なぜなら、これは私の血の杯、
novi et aeterni testamenti,	新しい永遠の契約の、
qui pro vobis et pro multis effundetur	あなたたちと多くの人々のために流されるものだから、
in remissionem peccatorum.	罪のゆるしのために。
Hoc facite in meam commemoration-em.	これを私の記念としておこないなさい。

カトリック信者の中には、これらのことばはあまりにも聞き慣れているという人もいるかもしれません。私たちの中には、子供の頃からミサのたびに繰り返されているこれらのことばを何百回となく聞いたと言う人もいます。いつものことだと嫌気が差したり、日課のように受け止めていたりする人さえいるかもしれません。

しかし、私たちがこれらのことばを、過去に一度も聞いたことがなかったとしたらどうでしょうか。私たちが、最後の晩餐の席にいたペトロやヤコブ、あるいは他の使徒たちの一人だとしたらどうでしょうか。私たちにとって、これらのことばはどんな意味を持つでしょうか。

これらの聖なることばの意味を十全に理解するためには、ユダヤ教の過越祭を背景にそれらを聞くことが重要です。

聖体制定の経緯を語る福音書は、最後の晩餐が過越の食事（すなわち神がイスラエルをエジプトから解放したあの夜の出来事を起源とする、イスラエルの歴史を通して祝われる祭礼［マタ 26:19; マコ 14:16; ルカ 22:13］）という脈絡の中でおこなわれたことを私たちに物語っています。

最初の過越のとき、神は、傷のない小羊をいけにえとしてささげ、それを食べ、その小羊の血を戸口の柱にしるしとして塗るよう指示しました。この儀式にあずかった家族は命を救われましたが、そのときエジプト人の初子は十番目の災いによって死んでしまいました。その後、イスラエルの民は、毎年、その最初の過越の話を繰り返し語り、再びいけにえの小羊を食べて繰り返し過越の食事をおこなって来たのです。

そして最も意義深いことは、イスラエルの民が毎年祝う過越祭（出 12:14 参照）を典礼的な「記念」（ギリシア語で「アナムネーシス」anamnesis）として祝ってきたということです。この事実は、古代のユダヤ人たちにとって、単に過去の出来事を思い起こすこと以上の意味を含んでいます。

過越祭のような記念日は、アメリカ国民が単に自分たちの国の建国を思い起こす７月４日のような現代の休日とは全く異なったものでした。聖書で言う「記念」において〈過去〉とは、ただ単に思い起こされるだけのものではなく、追体験されるものでもありました。過去の出来事は、祭礼を祝っているイスラエルの人たちに神秘的な仕方で現在化されました。

このようなわけで、イエスの時代のユダヤ人たちは、過越祭を祝うとき、最初の過越が「記念」として自分たちに現在化されているものと信じていました。実際、後のユダヤ教のラビたちの過越についての記述によれば、ユダヤ人がその祭を祝うとき、まるでエジプトから脱出した世代の偉大な祖先たちとともに、エジプトから歩いて脱出しているかのようであったと語られています。[129]『カトリック教会のカテキズム』にも、

129　*Pesahim,* 10. 5.『ミシュナⅡ -3』―『ペサヒーム』（石川耕一郎訳、エルサレム宗教

これと同じことが指摘されています。

> 記念とは、聖書的には、過去の出来事を単に想起することではなく、神が人間のためにおこなわれた偉大なわざを宣言することを意味します。これらの出来事を祝う典礼祭儀の中で、出来事は何らかの形で現存し、現在化されます。イスラエル人たちは、エジプトからの解放を記念する過越祭をおこなうたびに、それによって自分たちの生活が活性化できるように、解放の出来事が信じる者たちの記憶の中によみがえってくると理解しています。[130]

このように最初の過越の出来事が継承されていたがゆえに、各々の新しい世代は、支配者への隷属から解放されたことの起源となるこの出来事に、霊的に参与できたのかもしれません。こうして毎年おこなわれる過越祭は、世代から世代へ一貫して継承され、連帯性を陶冶(とうや)していきました。すべてのイスラエル人は過越祭に参与し、皆がエジプトでの奴隷状態から救われたのです。そして皆が、契約による唯一の神の家族として結ばれてきたのです。

ミサはいけにえであるのか

もし仮に、あなたが最後の晩餐の席にいた使徒たちの一人であるとしたら、イエスのことばのうちで、あなたの心を打つはずのものと言えば、いけにえに関する言い回しを使って、イエスが自らのことを表現されたことばではないでしょうか。

第一に、過越の出来事それ自体がいけにえに関わることであったのです（出 12:27)。イエスが過越祭という脈絡の中で体と血について語っているとすれば、過越の小羊、つまり儀式においていけにえとなったその体と、それから取り分けられた血のことが思い出されるからです。

第二に、イエスがご自分の体について「あなたたちのために渡される(ことになる)」と言われるとき、ルカ福音書の中で「渡される」を表現

文化研究所, 1987 年）を参照。

130　『カテキズム』1363 項

している用語（ギリシア語で didomai）は意味深長です。というのも、新約聖書の他の箇所では、そのことばがいけにえとの関連で用いられているからです（たとえば、ルカ 2:24; マコ 10:45; ヨハ 6:51; ガラ 1:4 を参照）。

第三に、イエスが「……のために流されて、罪のゆるしとなる」自らの血のことを話すとき、それは罪のゆるしをもたらす目的で祭壇の上に注がれた血のこと（レビ 4:7, 18, 25, 30, 34）、すなわち神殿でささげられたあがないのいけにえをほのめかしています。

そして第四に、たぶん最も意義深いこととして、イエスは「新しい永遠の契約の血」について語っておられます。

このことばは、神とご自分のお選びになった民との契約を締結するシナイ山でのいけにえの儀式のときに、モーセが言ったことばを反映しています（出 24:1-17）。いけにえの祭儀の途中で、モーセは動物の血を取って次のように告げました。「見よ、これは契約の血である」（出 24:8）と。

預言者エレミヤは、神が「イスラエルの家と結ぶ新しい契約」について語り（エレ 31:31-35）、それが人々の心のうちに刻み付けられるものであり、それを通して人々が真の神の民となる約束について語りました。

また預言者イザヤは、神がみことばに聞き従う人々との間に「ダビデに約束した真実といつくしみによる永遠の契約」（イザ 55:3）を結ぶことを語っています。

エゼキエルは、神がその民をあらゆる罪から清め救いその只中に住まわれること、そして一人の牧者を送り「永遠の平和の契約」（エゼ 37：26）を結ぶことを語っています。

そしてまさにイエスは、最後の晩餐のときに、自らの血のことを「新しい永遠の契約の血である」と言っておられるのです。そこに居合わせた使徒たちは、このことばを聞いて、モーセがシナイ山でのいけにえの血について語ったことをすぐさま思い出したことでしょう。あるいは、預言者たちが語った新しい契約、ダビデの結ぶ〈いつくしみと愛にもとづく新しい永遠の契約〉について想起できたかもしれません。

いずれにせよイエスはここで、過越の慣例儀式、渡される体、流される血、そして契約の血というすべてのいけにえにまつわる主題と合わせて、何らかのいけにえのことを語ろうとしておられるように思われます。

しかしイエスは、（過越の食事の脈絡から思い浮かぶ）いけにえとしてささげられる過越の小羊について語る代わりに、いけにえとしてささげられ、また注がれるご自分の体と血について語っておられるのです。今や彼の血が、契約のいけにえの血なのです。驚くべきことに、イエスはご自分のことを、普通に過越祭でささげられるいけにえの小羊であると見ておられます。

こうして最後の晩餐のときのイエスの行為から、不思議にも十字架上で彼がいけにえとなることがそれとなく予見されているのです。最後の晩餐という過越の食事で、イエスは罪のゆるしのために進んでご自身の体と血をささげられました。もはや、彼が他になすべきことは、ただ聖金曜日に自ら血を流してそのいけにえをささげることだけでした。

「イエスは、弟子たちが食べ、飲むように与えるのは、自分のからだと血であると仰せになっただけではありません。イエスはそれらがいけにえとしての意味を持つことを示され、ご自分のいけにえが秘跡のかたちで現存するようにされたのです。それから、イエスはこのいけにえをすべての人の救いのために十字架上でささげられました」（教皇ヨハネ・パウロ２世、『教会にいのちを与える聖体』12項）。

確かにヨハネ福音書は、明らかにイエスを「世の罪を取り除く神の小羊」として一貫して描いているのですが、イエスは、ご自身が「世に命を与える天から降ってきた命のパンであり、永遠に渇くことのない命の泉である」と語っておられます（ヨハ6:32-36参照）。そして信仰をもって〈イエスの肉を食べ、その血を飲む者は永遠の命を得る〉と教えているのです（ヨハ6:53-57参照）。つまりイエスのいけにえにあずかることこそ、罪のゆるしを得ることであり、またイエスの命にあずかること、永遠の命に生きることにほかならないのです。

最後の晩餐と十字架との関係を理解すると、いかに今日私たちがささげる聖体祭儀が、ゴルゴタ（カルワリオ）の丘でささげられたキリストのいけにえを記念しているかという重要なことが明らかになります。イエスは、「私の記念としてこれをおこないなさい」と言って、聖体の制定を締めくくっておられるからです。

イエスが使徒たちにおこなうように命じられる「これ」とは何のこと

でしょうか。それは、彼の体と血という新しい過越のいけにえを祝うことです。

では、どのように彼らはそれをおこなわなければならないのでしょうか。それは、聖書が言うところの「記念として」です。ミサで使われる「記念」ということばには、すでに見たように、ただ単に過去の出来事を思い起こすこと以上の意味があります。典礼的な記念は、過去と現在とを同時にもたらし、昔の出来事を現世代のために神秘的な仕方で現在化させます。

ですから、イエスが使徒たちに「私の記念としてこれをおこないなさい」と命じられたとき、人々に自分のことを容易に思い起こさせるような単純な祭儀的な食事を摂るように言っていたわけではないのです。イエスはまさに典礼的な記念として最後の晩餐を祝うように教えておられたのです。最後の晩餐が意味することはすべて、中でも特に、キリストの御体と御血といういけにえのささげものが、あますことなく、聖体祭儀の中で信者たちに対して現存することになります。

最後の晩餐においてイエスは弟子たちに、ご自身と御父との愛の交わりのうちに留まるように教え（ヨハ 15:9-10 参照）、「私があなたがたを愛したように互いに愛し合いなさい」（ヨハ 15:12）という掟を与えられました。それゆえ私たちは、イエスの契約にあずかる者として聖体祭儀をとおして彼が私たちのために命をささげたその愛を現在化し、神と隣人への愛に生きるという掟を世の終わりまで履行していくよう招かれているのです。

こうして、最後の晩餐という典礼的な記念としての聖体祭儀は、今日の私たちにも秘跡的に現在化して、エルサレムの二階の広間、そしてゴルゴタ（カルワリオ）の丘の出来事になります。そして、ちょうどいにしえのユダヤ人たちが、毎年、過越を記念してエジプト脱出にあずかったように、私たちも、聖体祭儀という新しい過越を祝うたびに、イエスの十字架上の死による勝利という新しい出エジプト（exodus）、つまり永久の死から永遠の命への過越に参与するのです。

この意味において、ミサはいけにえと理解されるべきです。『カトリック教会のカテキズム』が説明しているように、「新約聖書では、記念には新たな意味づけがなされています。教会が聖体祭儀（エウカリスチア）

をおこなうとき、キリストの過越を記念し、これが現存するものとなります。キリストが十字架上でただ一度ささげられたいけにえは、つねに成し遂げられた状態にある」のです。[131] そして、このいけにえは救いの目的のために現在化します。それはすなわち、その救いの力が私たちの生活に働きかけ、私たちが犯す日々の罪に打ち勝つため、また私たちが、自らをすべてささげるイエスの愛のおこないにおいて彼とより深く一致することができるためです。[132]

実にミサにあずかるたびに、私たちは、御子の親密さ、御父に自らをささげる愛のささげもの（十字架上でイエスが亡くなるときに最も明らかに示されたささげもの）に秘跡的に参与する特別の機会をいただくのです。『カテキズム』が説明しているように、ミサにおいて、私たちは、自分たちのあらゆる喜びと苦しみを、イエスが自らを御父にささげることと結び合わせることができます。またそうすることによって、私たちはさらに自分たちの生活を御父へのささげものとして奉献するのです。

「聖体祭儀では、キリストのいけにえはまた、そのからだに属する人々がささげるいけにえとなります。信者たちの生活、賛美、苦しみ、祈り、労働などは、キリストのそれとキリストのまったき奉献とに合わせられ、新たな価値を得るのです。祭壇上に現存するキリストのいけにえによって、すべての時代のキリスト者がキリストの奉献に一致することが可能となります。」[133]

多くの人のためなのか、あるいはすべての人のためなのか

新しい英語版のミサ典礼書の中にある二つの変更点について簡潔に述べておきたいと思います。

第一に、かつての聖体制定の叙述の翻訳では、キリストの血の「杯」に “the cup” という表現を当てていたのに対して、改訂訳では “the chalice” [134] と表現しています。この方が、ラテン語規範版のミサ典礼書

---

131 『カテキズム』1364 項。

132 『カテキズム』1366 項を参照。

133 『カテキズム』1368 項。

134 これはラテン語 calix の英語の逐語訳です。

により忠実であり、かつより正式な表現で、この容器の典礼的な本性を強調する翻訳です。これは普通に使われるコップではなく、主が最後の晩餐のときに制定された聖体祭儀に使われる「カリス（聖杯）」を指します（ルカ 22:20; 1 コリ 11:25 以降を参照）。この最も神聖なる器は、伝統的に英語で “chalice” と呼ばれてきましたから、この用語が改訂訳で使われることになりました。

第二に、かつての英語のミサ典礼書の翻訳では、人々の罪のあがないの価値を持つイエスの血は、「すべての人のため」“for all” に流されたと表現されていました。しかし改訂訳では、この「すべての人のため」“for all” の代わりに「多くの人のため」“for many” と置き換えられています。

> “For this is the chalice of my blood, the blood of the new and eternal covenant,which will be poured out for you and many for the forgiveness of sins.” [135]
> これは、あなたたちのため、また多くの人のために、罪のゆるしのために流される私の血、新しい永遠の契約の血の杯である。

実は翻訳をこのように変更した方が、諸福音書にあるイエスによる実際の聖体制定の叙述（たとえばマタ 26:28）により近いものとなるのです。またこの方が、ラテン語規範版と、また何世紀にもわたって聖体祭儀のこの部分で用いられてきた言い回しとも、より調和が取れるのです。

しかしながら、「多くの人のため」ということばは、イエスの普遍的な救済の使命の目的を限定してしまう表現なのではないか、と疑問視する人たちも中にはいました。新しい言い回しは、イエスが皆のために十字架にかかって死んだのではない、つまりイエスがゴルゴタ（カルワリオ）の丘で血を流されたのは「すべての人のため」ではなく、まさに精選されたグループの人たちのため（多くの人のため）であったという印象を与えかねないことが危惧されたのです。

しかしながら新しい翻訳は、基本的な次元において、間違いなくイエ

135　このラテン語原文は、“Hic est enim calix sanguinis mei novi et aeterni testamenti, qui pro vobis et pro multis effundetur in remissionem peccatorum” です。

スはすべての人のために死んだにしても、誰もがこのささげものの享受を選択するわけではないという現実を指摘しているのです。つまり個々人が救いの賜物を歓迎し、この恵みに従って生活することを選択しなければならないのです。そうすることによって、誰もがこのミサ典礼書に記述されている「多くの人」に含まれることになります。

さらに、多くの聖書学者は、最後の晩餐の席で「多くの人のため」に流される血についてイエスが語った言い回しが、イザヤ書の 53 章 11-12 節で三度言われている「多くの人」[136] を彷彿させると述べてきました。イザヤは、その預言の中で、自らを死に渡し、「多くの人」の罪を負い、「多くの人」を義とするため（イザ 53:10-12）、神が「罪のためのささげもの」となるご自分の僕を遣わして下さるであろう、と予め語っています。

イエスは、最後の晩餐のとき「多くの人」のためにご自分の血が流されることを語って、ご自身がイザヤの言う「苦しむ僕」であることを明らかに示されています。イエスこそ、「多くの人」のために死ぬ目的で来られた方なのです。このことは、イエスが「すべての人のため」に死んだ（1 テモ 2:6）という事実に反して理解されるべきではありません。イザヤ書の他の箇所で「主の僕」について語られている預言によれば、彼が人類すべてに救いを告げ知らせる普遍的な使命を担っていることは明らかです（たとえば、イザ 42:1-10; 49:6; 52:10 参照）。ある意味で、「多くの人」という表現は、彼らのために死ぬことになる唯一の方、すなわち主の僕（イエス）を、そのあがないのいけにえから利する多くの人と対比しているように思われます。

136　旧約聖書の七十人訳のギリシア語では、イザ 53:11-12 で 3 回 polloi「多くの」という語が用いられています。

19. 信仰の神秘 *Mysterium Fidei*

私たちは、今まさに、ミサの中でもここぞという瞬間に到達しました。司祭がパンとぶどう酒の上に聖別のことばを語った今、それらはキリストの御体と御血になっているのです。司祭は、キリストの御血が入っているカリスの前で、沈黙のうちに神を賛美しながら敬虔に片膝をついてから立ち上がり（日本では合掌して深く礼をする）[137]、厳粛に「信仰の神秘」(Mysterium Fidei)[138]と言います。

このことばは、本来、これに対して会衆が返すべきことばを発するように招く儀式上の指図というようなものではありませんでした。このことばはむしろ、今まさに生起している神秘のことで司祭が感じる驚きや畏敬の念を表現しているものと言えます。神の子であるイエス・キリストの御体と御血は、ゴルゴタ（カルワリオ）の丘で私たちの罪のためにささげられましたが、そのイエスは、今やパンとぶどう酒の形色のもとに祭壇の上に実際に現存しているのです。それゆえパウロの表現（1テモ3:9）を用いて、司祭はこれこそまさに「信仰の神秘」であると声高らかに宣言するのです。

137　正教会などの東方教会では、司式司祭は聖別された聖体の前では跪くのでもなく、また深々とお辞儀をするのでもなく伏拝します。これは、たとえば創17:3, 申9:25, マタ17:6, ヨハ18:6, 黙1:17, 5:8などの聖書の箇所において示されているとおり、人間は真に至聖なる存在の前では平伏せざるを得ない存在であることを反映しているものと思われます。

138　これは公会議前のミサ典礼書では杯に向けて唱えられることばの一部でした。Hic est calix Sanguinis mei, novi et aeterni testamenti: mysterium fidei: qui pro vobis et pro multis effundetur in remissionem peccatorum.（これは私の血、新しい永遠の契約の血の杯、信仰の神秘、罪のゆるしのために、あなたがたと多くの人のために流されるもの。）Mysterium fidei（信仰の神秘）ということばは、キリストの最後の晩餐のことばにはなく、また正教会などの東方教会の古い伝統にも見当たらないものであり、第二バチカン公会議後の典礼改革でこの表現が秘跡制定句から外されたことは至極適切なことと思われます。

この神秘によって司祭が感じる驚きに共感して、会衆は「イエスの死と復活に集約された救いの歴史を告げ知らせます」と宣言するのです。

この会衆の宣言については、三つの選択肢がありますが、そのうち二つはパウロがコリントの教会の信者に宛てていることば「だから、あなたがたは、このパンを食べ、この杯を飲むたびに、主が来られるときまで、主の死を告げ知らせるのです」（1 コリ 11:26）から取られています。

Mortem tuam annuntiamus, Domine,	主よ、私たちはあなたの死を告げ知らせます。
et tuam resurrectionem confitemur, donec venias.	そして、あなたの復活を告白します。あなたが来られるまで。

または、

Quotiescumque manducamus panem hunc et calicem bibimus,	私たちはこのパンを食べ、この杯を飲むたびに、
mortem tuam annuntiamus, Domine, donec venias.	あなたの死を告げ知らせます。主よ、あなたが来られるまで。

三つ目の選択肢は、イエスを信じてやって来たサマリア人たちが、イエスに出会った後に言ったことば、「私たちは、この方が本当に世の救い主であると分かったのです」（ヨハ 4:42）を用いながら、キリストの死と復活が持つ救いの力を告げ知らせるものです。

Salvator mundi, salva nos,	世の救い主よ、私たちをお救い下さい。
qui per crucem et resurrectionem tuam liberasti nos.	あなたは、あなたの十字架と復活によって、私たちを解放されました。

20. 記念 *Anamnesis*、奉献、取り次ぎ、栄唱

私たちに明らかにされるこの筆舌に尽くし難い神秘を、私たちはすべて一度に理解することはできません。そのため、それらの意味を把握してその神髄に迫るために、ひと呼吸おいて時間を長く取る必要があるかのような叙述が続きます。聖体制定の叙述に続く二つの祈りがまさにそれです。その二つの祈りは、ミサの中で生起していることの多様な様相を明確にし、私たちがそれを心の中で沈思黙考する機会を与えてくれます。

最初の祈りは、アナムネーシス（anamnesis）つまり「記念」と呼ばれます。私たちは､奉献文がいかなる意味で（典礼的な）「記念」であり、十字架上のキリストの救いのわざを現在化し、それゆえ私たちがその力に、より十全的に参与できるかを見てきました。しかしながら、より厳密で専門的な意味において、このアナムネーシスとはミサの中で生じていることを明らかにする祈りのことを意味します。イエスは、「私の記念として、これをおこないなさい」と言われました。そこで、司祭は教会が忠実に以下の命令を果たしてきたと、天の御父に語ります。

Memores igitur mortis et resurrectionis eius...
それゆえ、あの方の死と復活の記念を …（第二奉献文）

もちろん神に対して、私たちが典礼で何をおこなうのかを告げ知らせる必要はありません。すでに神はそれをご存知であり、その意味を完全に理解しておられます。しかしながら、私たちの側には神に語る必要があります。小さな子どもたちが熱心に自分たちの功績を親に報告するように（たとえば、「パパ、僕が外野にヒットを打ったのを見てくれた？二塁打になったんだよ！」というように)、私たちには、聖なる神秘にあずかる喜びを天の御父に伝える必要があります。

奉献

（典礼的な）「記念」（anamnesis）は、「奉献」として知られる二つ目の祈りの基礎になります。その奉献は、ミサにおいて〈聖金曜日にイエスがささげたもの〉をささげるという、畏れ多い特権を私たちがいかにいただいているかを表現しています。十字架上でイエスは、ただひとりご自身のいけにえをささげられました。ミサにおいて、イエスは私たちをこのいけにえと結び合わせながら、ご自身の教会とともにそれをささげておられるのです。

> Offerimus tibi, gratias referentes, hoc sacrifícium vivum et sanctum.
> 私たちはあなたにささげます。感謝しながら。この命に満ちた聖なるいけにえを。（第三奉献文）

上述のように、私たちはこのキリストのいけにえと一つになるよう、招かれています。そのことゆえに、奉献文の中で、奉献が単にキリストのいけにえと呼ばれるだけではなく、「あなたの教会のささげもの（oblatio Ecclesiae tuae）」（第三奉献文）とも呼ばれるのです。

そして教会は、ミサを祝うたびに、キリストの十字架上のささげものである唯一のキリストの自己奉献のわざに参与していることから、その二つのささげものは実際には一つのものであります。

またこのささげものの象徴性は、いかに教会が自力で自らを神にささげているのかではなく、キリストのいけにえと一つになってささげているのかも示しています。パンとぶどう酒の物質的なささげものが、まさにキリストご自身の完全なささげものをいかに象徴していたのかを思い出して下さい。

ところで、聖別の後、神にささげるこのような人間的なささげものは、聖体としてのキリストの御体と御血、すなわち御父にささげられた御体と御血になっています。それゆえ、教会はキリストにおいて十字架上の御子の完全な自己奉献的な愛に参与するのです。このことを『ローマ・ミサ典礼書の総則』は次のように説明しています。

> この記念の中で、教会、とくに今ここに集まった教会は、聖霊のう

ちにあって、汚れのないいけにえを御父にささげます。しかし教会は、信者が汚れのないいけにえをささげるだけでなく、自分自身をささげることを学び、キリストを仲介者として、日々神との一致と相互の一致の完成に向かい、ついには神がすべてにおいてすべてとなるように意図しているのです。[139]

三つの典型的ないけにえ

第一奉献文では、次いで聖書からいけにえの三つの雛形が引用され、神がアベル、アブラハム、メルキゼデクのいけにえを喜んで受け入れられたように、教会のささげものを受け入れて下さるように願います。

...accepta habere, sicuti accepta habere dignatus es munera pueri tui iusti Abel, et sacrificium Patriarchae nostri Abrahae, et quod tibi obtulit summus sacerdos tuus Melchisedech, sanctum sacrificium, immaculatam hostiam.

それらを受け入れて下さい。かつてあなたが、あなたの僕である義人アベルの供えもの、私たちの父祖アブラハムのいけにえ、またあなたの大祭司メルキセデクがあなたにささげたものを、聖なるいけにえ、汚れの無いいけにえを受け入れて下さったように。

旧約聖書に登場するこれらの父祖たちは、それぞれキリストのいけにえを前もって示すいけにえをささげ、キリストの供えものに結ばれながら、私たちが神にささげるべき典型的な自己奉献を示しています。

パンとぶどう酒を神にささげ、またアブラハムを祝福した神秘的な祭司であり王であったメルキゼデクの供えものに神は好意を示されました。キリスト教の最初期から、彼のいけにえは、最後の晩餐のときのパンとぶどう酒、すなわちキリストのいけにえを予示していると考えられてきました。「アベルの供えもの」と聞くと、私たちは神に最善を尽くさなければならないことを思い起こします。大地の実りをささげただけの彼の兄弟カインとは対照的に、アベルは「羊の群れの中から肥えた初子」（創 4:4）をいけにえとしてささげ、喜んで主に最善を尽くしました。

139　『ローマ・ミサ典礼書の総則』79 項。

神はアベルの寛大ないけにえに好意を示されましたが、カインにはそうではありませんでした。

最後に、アブラハムは、パンやぶどう酒あるいは動物以上のものをささげました。彼は進んで自分にとって最も尊いもの、すなわち自身のひとり息子であるイサクを神にささげました。アブラハムのいけにえにまつわる出来事は、たぶん旧約聖書のどのようないけにえよりも、ゴルゴタ（カルワリオ）の丘でささげられたキリストのいけにえを前もって示すものです。

創世記 22 章は、アブラハムがいかに愛するひとり子イサクをモリヤの山にろばに乗せて連れて行ったかを語っています。イサクは、いけにえささげるために使う薪を山に運んで登り、あがないのいけにえとしてささげられるためにその薪の上で縛られました。神に完全に身を委ねて従うというこのアブラハムの英雄的な行為に応えて、神は彼の子孫を通して全人類を祝福すると誓われました。

何世紀も経た後、父なる神はご自身の愛するひとり子イエスをエルサレム（アブラハムがイサクをささげたところ、まさにモリヤを思い起こさせる町［代下 3:1; 詩 76:2 参照]）でささげました。イサクのように、イエスはろばに乗ってその地に向かい、イサクのようにゴルゴタ（カルワリオ）の丘まで十字架という木を担っていきます。そこで、再びイサクのように、イエスはその木に縛られ、あがないのいけにえ（創世記 22 章で、神がアブラハムに誓われた世界中に祝福をもたらすいけにえ）としてささげられます。こうして、聖金曜日に神である御父と神である御子は、その昔アブラハムとイサクによって予め示されたことを成就させ、人類を祝福するというアブラハムに約束した誓いを現実のものとされたのです。

取り次ぎの祈り

奉献文が結びに近づくころ、司祭は様々な取り次ぎの祈りをささげます。初めに司祭は、すぐにキリストの御体と御血によって養われることになるすべての会衆のために祈ります。「キリストのうちにあって、一つの体、一つの霊になりますように」（第三奉献文）と。

これは、コリントの教会への第一の手紙の 10 章 17 節にあるパウロの次のことばを反映しています。「パンは一つだから、私たちは大勢でも一つの体です。皆が一つのパンにあずかるからです」。

司祭はまた、私たちがキリストのいけにえに参与することで、「あなたにささげられた永遠の供えもの」（第三奉献文）、あるいはローマの教会に対するパウロの勧め、すなわち「自分の体を、神に喜ばれる聖なる生けるいけにえとしてささげなさい。これこそ、あなたがたの理にかなった礼拝です」（ロマ 12:1）を反映している「生けるいけにえ（まことのささげもの）」（第四奉献文）となるように祈ります。

次に司祭は、教皇と教区司教の名を挙げ、それからすべての司教たちと聖職者、そして生者も死者も合わせた神の民全体のために取り次ぎを願いながら、まず普遍教会のために「全世界に広がる教会」（第二奉献文）、「地上を旅する教会」（第三奉献文）のために祈ります。取り次ぎの祈りには、普遍的な視野をもって「使徒からの同じ信仰を正しく伝えるすべての人」（第一奉献文）、「あなたの民となったすべての人」（第三奉献文）への祈りに加えて、「真心をもってあなたを探し求めるすべての人のため」（第四奉献文）の祈り、そしてミサのいけにえが「全世界の平和と救いのためになりますように」（第三奉献文）という祈りもあります。

続いてささげられる死者のための祈りも、「信仰のうちに先立った人」（第一奉献文）、「あなただけがその信仰を知っておられるすべての死者」（第四奉献文）、さらに「み旨に従って生活し、いまはこの世を去ったすべての人」（第三奉献文）、「すべての死者」（第二奉献文）のためにささげられます。

結びの栄唱（doxology）と大いなるアーメン

奉献文は、すでに二世紀にはミサで使われていた賛美の表現とともに終極に至ります。そこで、会衆は英語で “the great Amen” つまり「大いなるアーメン」（「全くそのとおり」という意味）として知られている返答をもって答えます。

「アーメン」はヘブライ語の単語の音訳であり、それまで言われてきたことの有効性を確約するもので、典礼が関係する諸状況においてしばしば用いられていました。たとえば、レビ人たちが「イスラエルの神、主はたたえられよ、世々とこしえに」と歌うと、民はこの神への賛美に対して唱和して「アーメン」（代上 16:36）と声を上げました。またエズラが厳粛な集会の中で律法の書を朗読したとき、神への賛美で最後を締めくくると、民は「アーメン、アーメン」と答えました（ネヘ 8:6)。パウロもこのことばを同じように使っており（ロマ 1:25; ガラ 1:5; エフェ 3:21)、彼の書簡の中には「アーメン」で締めくくられたものさえ認められます（1コリ 16:24; またいくつかの写本の1テサ 5:28; 2テサ 3:18 にも見られます）。

最も特筆すべきことは、天上の天使たちや聖なる者たちが、それぞれ天上の典礼において一斉に神への賛美を口にしながら、いかに「アーメン」と声をあげているかということです。黙示録では、天と地と地の下にあるあらゆる生き物は、「玉座に座っておられる方と小羊とに、賛美、誉れ、栄光、権力が世々とこしえにありますように」と唱和しています。天使的被造物はそれに答えて「アーメン」と言いますが、まるで「然り、主はとこしえに賛美され、たたえられますように」と大きな声をあげているかのようです。また別の場面では、天使たちは、「アーメン。賛美、栄光、知恵、感謝、誉れ、力、権威が、世々限りなく私たちの神にありますように、アーメン」（黙 7:12; また黙 5;14; 19:4 を参照）と言い、神の玉座の前にひざまずいて礼拝しています。

天上の天使たちと聖なる者たちのこの賛美は、司祭がミサのたびに次のように言うところで、地上においても繰り返されています。

Per ipsum, et cum ipso, et in ipso,	彼（キリスト）自身によって、彼自身とともに、彼自身のうちに、
est tibi Deo Patri omnipotenti,	全能の父なる神であるあなたに、
in unitate Spiritus Sancti,	聖霊との一致のうちに、
omnis honor et gloria per omnia saecula saeculorum.	すべてのほまれと栄光が、世々とこしえにありますように。

これらのことば自体、聖書にその起源があります。その一部は、パウロのローマの教会への手紙に由来しています。「すべてのものは、神から出て、神によって保たれ、神に向かっているのです。栄光が神に永遠

にありますように、アーメン」（ロマ 11:36）という具合に。

パウロはまた、エフェソの教会への手紙の４章３節で「霊による一致」についても触れています。典礼のこの箇所は、ミサにおける私たちの礼拝が三位一体的な本性を持っていることを表現しています。私たちは、ゴルゴタ（カルワリオ）の丘で完全に自己奉献された御子によって、御子とともに、御子のうちに、また私たちの中に住まわれる御子の霊と一致して、私たちの人生のすべてをささげながら、全能の御父を最善の形で賛美するのです。

「すべてのほまれと栄光が、世々とこしえに、全能の父なる神にありますように」という司祭の賛美の声を耳にした後、私たちは天使たちのように答えて、ぜひとも一緒に神を賛美したいという気持ちで、「アーメン」と大きな声をあげます。[140] そして、これは普通の「アーメン」ではありません。「アーメン」と言いながら、私たちは、救いの歴史のあらゆる偉大な先達、つまりレビ人たち、エズラ、パウロ、そして天上の天使たちと聖なる人々によるこの終わりなき賛美の合唱に、私たち自身を加えるのです。すでにローマの初期キリスト信者のミサの中で唱えられていたこのアーメンが、「天の国でこだまする天の雷鳴のごときもの」[141] とヒエロニムスが言ったのも理に適った例えと言えましょう。

140　日本では習慣として「すべてのほまれと栄光は、世々に至るまで」の部分から会衆も加わって唱えられるか歌われてきましたが、本来はこの栄唱で会衆が口にするのは「アーメン」だけです。

141　これは前出の Charles Belmonte の著作の 163 ページに引用されています。さらに、「すべてのほまれと栄光は神のもの」と認めた上で、会衆が唱える「アーメン」は奉献文全体を「全くそのとおり」と認証しているものと言えます。司祭は、この奉献文の祈りを通して、全教会を一貫して代表してきました。そのとき、会衆は司祭がこれまでずっと祈ってきたことのすべてに「然り」と応答するのです。それゆえアウグスティヌスは、この大いなる「アーメン」が、司祭の祈りのもとに記された会衆の署名であると叙述しています（『説教』27. 2 [PL. 38, 1247]、『説教』272 も参照）。

C. 交わりの儀

いよいよ私たちは、最後の準備の時を迎えました。

既に聖体制定の叙述が語られ、パンとぶどう酒は聖別されました。私たちの主は、今や真に私たちの前に現存しておられるのです。わずか数分の後、私たちはイエスの御体と御血を聖体拝領において受け取ることになります。

次にここで扱うミサの部分は、主の祈り、平和のあいさつ、平和の賛歌（*Agnus Dei*）と他の準備的儀式を含んでいる、会衆を聖体拝領という神聖な瞬間へ導くものです。

また一連の儀式を通して、会衆は確実にキリストの御体と御血をふさわしくいただくよう、促されます。

21. 主の祈り

Pater noster, qui es in caelis:	天におられる私たちの父よ、
sanctificetur nomen tuum;	あなたの名が聖とされますように。
adveniat regnum tuum;	あなたの国が来ますように。
fiat voluntas tua, sicut in caelo, et in terra.	あなたの意思が成就しますように、天においてそうであるように地においても。
Panem nostrum cotidianum da nobis hodie;	私たちの日々のパンを、今日、私たちにお与え下さい。
et dimitte nobis debita nostra,	また、私たちをその負い目から放免して下さい。
sicut et nos dimittimus debitoribus nostris;	同じように、私たちも私たちに負い目のある人々を放免します。
et ne nos inducas in tentationem;	私たちを誘惑に導くことなく、
sed libera nos a malo.	悪から解放して下さい。

主の祈りは、福音書の中でイエスによって教えられ（マタ 6:9-13; ルカ 11:1-4)、幾世紀にもわたってミサの中で使われてきました。『ディダケー』によれば、初期キリスト信者は、日に３回この祈りをささげていたようです。私たちの中のある人にとって、この祈りは、子供の頃から耳にしてきた「型にはまった祈り」であり、また日曜日ごとに単純に繰り返すだけの祈りになっているかもしれません。しかし、これを当たり前のように何も考えずに唱えてよいわけではありません。私たちが主の

祈りをささげる前に、私たちがこうして御子キリストと同じことばで神に語りかけられるということが、いかにすばらしい特権をいただいていることなのかを心に留めるよう、主司式司祭は次のように注意を促します。

> Praeceptis salutaribus moniti et divina institutione formati, audemus dicere:
> 救いのための勧告に従い、神の教えに導かれて、あえて言いましょう。

たぶん「主の祈り」の最も顕著な側面は、いかに私たちに神を「父」と呼ばせているかということです。確かに古代のユダヤ人たちは、神をイスラエルの民の父と見做（みな）していました。しかし個人的なレベルで神を「父」と呼ぶことは、一般的なことではありませんでした。それにもかかわらず、このことこそがまさに、イエスが私たちにそうするようにと呼びかけておられることなのです。

福音書の中で、イエスは自分の弟子たちにこの祈りを教えられました（マタ 6:9-13; ルカ 11:1-4）。しかも、もしイエスが彼の母語であるアラマイ語を話しておられたとすれば、たぶん「父」ということばには「アッバ」“Abba” という用語を当てていたと考えられます。それは、「おとうちゃん」「パパ」に似た、親しみと愛情のこもった言い方です（マコ 14:36; ロマ 8:15; ガラ 4:4-6 参照）。

これはイエスの救いのわざのおかげで、私たちが神との間に結んだ親密な関係を強調する表現です。私たちがキリストに一致していることによって、神はまことに私たちの父となられます。私たちは今や、「御ひとり子のうちにある子ら」つまり「キリストの兄弟姉妹」となりました。つまり私たちがイエスとともにあるのであれば、私たちもまた「これは私の愛する子」（マタ 3:17）と呼んでいただく幸いにあずかっているのです。

このように神を父と呼ぶことは、本来人間にとってあまりに恐れ多いことです。それゆえ私たちは、あえて（謹んで）、そのようなことばで呼びかけるように招かれているのです。実は正教会の聖体礼儀における主の祈りへの司祭の招きのことば、「主宰や、我等に、勇を以って、罪を獲ずして、敢えて爾、天の神・父を呼びて言うを賜え」もこれと同じ響きを持っています。罪深い被造物である私たちが神と結ぶこの関係の深遠さは、この祈りの冒頭の一行に表現されています。「天におられる」唯一の方、すなわち全能なる永遠の神が、まさに私たちの「おとうさん」なのです。

この祈りにある「私たちの」という表現もまた意味深長です。それは、主なる神が私たち皆に共通の天の父でいて下さるおかげで、私たちが互いに共有している深い一致を指し示しています。キリストに結ばれているすべての人は、彼においてまことに兄弟姉妹なのです。キリストのゆえに、イエスの父は私たち一人ひとりにとっての父となったのであり、私たちは皆、神との契約による家族関係において「御父の子ら」なのです。そのような次第で私たちは皆のために、皆とともに祈ります。

「主の祈り」は伝統的に七つの祈願に区分されてきましたが、その最初の三つ（名、国、意思）は神に焦点が当てられ、最後の四つ（与えて下さい、ゆるして下さい、導いて下さい[142]、解放して下さい）は私たちの必要に焦点が当てられています。

あなたの名が聖とされますように——聖書において、神の名は神ご自身と関係付けられます（創 32:28-29; 出 3:14-15; イザ 52:6）。この祈願は、神の名が崇められますように、つまり神の名が、神ご自身が聖なるものとして認識され、扱われるようにと祈っているのです。しかしそれは誰によって、どこにおいて実現されるように願っているのでしょうか。そもそも神が聖なる方であることは私たちの祈りとは関わりがありません。この祈りを通して、まず祈る者が生きる場で神の名が聖とされるように祈っているのです。つまり私たち皆が聖なる者となるように命じられている（レビ 11:44）ように、私たちを通してこの世界で日々神が聖なるものと認められるように祈るのです。

142　日本語では「わたしたちを誘惑に陥らせず」と訳されていますが、ラテン語（英語もほぼ同義ですが）では「わたしたちを誘惑に導かないで下さい」と正確にギリシア語から訳されています。それゆえ日本語の主の祈りには出てこない「導く」という動詞がここで話題になっています。

あなたの国が来ますように ―― あなたの国（神の国）とは字義的に神の支配、統治のことを意味します。預言者たちは、神がいかにイスラエルのために王国を建て直して下さるのか、また神ご自身がいかにあらゆる民を治めて下さるのかを前もって語りました（イザ 40:9-11; 52:7-10; ゼカ 14:9, 16-17）。この祈願は、イエスの到来とともに、すでにこの世において開始された神のいつくしみと愛による統治が、イエスを信じる私たち、ならびに世界中のすべての人の心の中で十全に受け入れられ、完成されるようにと祈っているのです。

あなたの意思が成就しますように、天においてそうであるように地においても―― この祈願は、最初の二つの祈願に関連しています。天において、神のご意思（み旨）は完全に遵従（じゅんじゅう）されていて、神の名は崇められ、神の統治はすべての天使や聖人に喜んで受け入れられています。そこで私たちは、天においてそうであるように地においても、私たちから始まってすべての者が神を礼拝し、神のご意思に従うように、神のいつくしみと愛をすべての人が生きるようにと祈ります。これは神の国の実現と同義です。

私たちの日々のパンを、今日、私たちにお与え下さい ―― 私たちがこの世において神の国が実現するように働くためには、当然そのための糧が必要です。先に見たように、聖書においてパンは最も基本的な食料の一つであって、生命を維持するために不可欠なものであると見なされていました。ですから人々がパンについて語るとき、単なる食料としてそれを思い浮かべていたのではないものと思われます。それは一般的に、生命を維持するものの象徴でもありました。この祈願で「日々のパン」と言われているのは、私たちが日ごとに必要としているまさに根本的なもののことです。

それは神の子として生きる私たちにとっての根源的な肉体的、精神的、霊的糧ともいえます。とりわけパンとは、荒れ野でイスラエルを支えるために与えられた「マナ」を彷彿とさせるものです（出 16:16-22）。ラビ文学では、メシアが来られるとき、再びマナの奇跡が実現されると期待されていました。実際、イエスは大勢の人々にパンを与えるという奇跡をおこなわれた際、ご自身が与えるパンとは、まさに天から降ったパンであり、それが世を生かすご自分の体、永遠の命の糧であると教えられました。それは単に食べて満腹するだけの物（ヨハ 6:26）ではなく、イエスの教え、神のことば（知恵）ならびにイエスご自身、真の命（秘跡的恩恵）です（ヨハ 6:35-58 参照）。父なる神が、かつてイスラエルの人々が必要とした分だけの天のパンを各人にしっかりと与えられたように、イエスは、今日私たちがみ国の完成のために働けるように必要な糧を必要なだけ与えて下さいます。「日々のパン」を求めるこの祈りは、究極的な意味においては、聖体拝領で分け与えられるキリストの命のパンを指し示していることから、この祈願にはミサにおいては特に聖体をほのめかすニュアンスも含まれていると言うことができます。

また、私たちをその負い目から放免して下さい。同じように、私たちも私たちに負い目のある人々を放免します —— 神の意思が私たちの間で果たされるためには、まず私たちのうちにある神の意思に反するおこない、罪をゆるしていただかなくてはなりません。それが出来るのは唯一神のご自身なのです。私たちは聖体を拝領する前に、神に罪のゆるしを願います。罪は、神を信じないこと、知らないこと、愛さないこと、その意思に従わないことです。ですから、間もなく私たちの中に住まわれるイエスのために、各人がマリアのように主の聖櫃となるために、私たちを全面的に清めて下さるように願うのです。

しかし、私たちが自らを傷つけた人々をゆるさない限り、神のあわれみが私たちの心の奥に届くことはありません。[143] 自分は自らの負い目をゆるしていただくよう神に願うのに、他者に対してそれを拒絶するというのはまったく矛盾したことです。イエスは、私たちが他者に示したあわれみの大きさに従って、神は私たちをゆるして下さると教えられました（マタ 6:14-15; 18:23-35 を参照）。また多くをゆるされた人は、それだけ豊かに他者をゆるすことができるはずです（ルカ 7:47 参照）。さらに山上の説教の中で、イエスは、神を礼拝するために祭壇に近づく前に、兄弟が自分に罪を犯したのであれば、まずその兄弟と和解すべきだと教えておられます（マタ 5:23-24 参照）。同様に、聖体拝領をしようと祭壇に近づく前に、私たちは、自分たちに罪を犯した人々をゆるし、兄弟たちと和解するように求められているのです。

---

143 『カテキズム』2840 項。

私たちを誘惑に導くことなく —— この祈願は、人生の中で生じるあらゆる試練や悪事への誘惑を取り除いて下さいというようなものではありません。この聖書的表現は、誘惑に身を明け渡すという意味で、誘惑に導くことを神が私たちにお許しにならないようにとの願いを表現しています。これは私たちが、直面する誘惑に打ち勝つよう神が私たちを強めて下さいますようにという祈りです。

教皇ベネディクト16世は、私たちがまるでこの祈願の中で神に向かって次のように言っているかのようだと教えました。「私が浄められた者となるためには、試練が必要であることを私は知っています。もしあなたがこの試練を私の上に臨ませるのであれば、どうぞ私の力が限られたものであることを思い出して下さい。私にあまりに多くのものを任せないで下さい。私に与えられる誘惑の限界をあまりに広く引き伸ばさないで下さい。もしそれが私にとって多すぎるようでしたら、そばにいて、あなたの御手で私を守って下さい。」[144] それはパウロが、「神は真実な方です。あなたがたを耐えられないような試錬に遭わせることはなさらず、試錬とともに、それに耐えられるよう、逃れる道をも備えていて下さいます」（1コリ10:13）と言ったのと同様です。

悪から解放して下さい —— この祈願を聖書的な観点から理解するとき、これが一般的な害悪あるいは不幸、不運からの救いを求めて祈っているのではないということが分かります。

ここでの「悪」という表現は、聖書における「悪魔」であると説明されます。このことは、悪とは抽象的な何ものかではないことを私たちに想起させてくれます。それは、世界で起こる行き当たりばったりの「悪いこと」などではありません。この祈願において、悪とは、ある人格者、つまり神のみ心に背き、他者を自らに与(くみ)させて神に反逆するように導く堕天使であるサタンのことです。[145]

それゆえ、この結びの祈願において私たちは、御父がサタンから、またその偽りや仕業、罠から私たちを救って下さるようにと願うのです。

144　ヨゼフ・ラッツィンガー『ナザレのイエス』（里野泰昭訳、春秋社、2008年）215ページ参照。

145　『カテキズム』2851-2854項。

私たちは、敵意や争い、ねたみ、そねみ、怒り、嘘偽り、そしり、利己心や怠惰、不和や仲間争い、貪欲や情欲、泥酔、無知蒙昧、偶像礼拝などに耽って悪魔に与する生き方で身を滅ぼしてはなりません。私たちは神の命に招かれた光の子として、上智、聡明、賢慮、勇気、知識、孝愛、主への畏敬という聖霊の賜物（イザ 11:1-5）に支えられて、愛、喜び、平和、寛容、親切、善意、誠実、柔和、節制という実を結ぶように招かれているのです（ガラ 5:22）。

新しい種類の平和

Libera nos, quaesumus, Domine, ab omnibus malis,	主よ、私たちはお願いします。私たちをあらゆる悪から解放して下さい。
da propitius pacem in diebus nostris,	私たちの日々に平和を寛大にお与え下さい。
ut, ope misericordiae tuae adiuti,	あなたのあわれみ深い働きに助けられて、
et a peccato simus semper liberi	私たちが常に罪から自由でありますように。
et ab omni perturbatione securi:	そして、あらゆる困難から解き放たれますように。
exspectantes beatam spem et	待ち望みながら、祝福に満ちた希望と
adventum Salvatoris nostri Iesu Christi.	私たちの救い主、イエス・キリストの到来を。

ここで私たちは、主の祈りの最後の祈願「悪から解放して下さい」をさらに詳しく説明する祈り[146] に至ります。司祭は続けて、「主よ、私た

146　これは主の祈りの「副文」と呼ばれています。

ちはお願いします。私たちをあらゆる悪から解放して下さい。いつくしみ深く私たちの日々に寛大に平和をお与え下さい……」と祈ります。

ここで思い描かれている平和（shalôm）とは、単に世界に戦争や対立がない状態のことよりもさらに別の次元のことを指しています。この「平和」ということばの聖書的理解は、何よりもまず、大いに人格的で霊的な何ものかです。それは、神との契約への忠実さから流れ出る神からの賜物、すなわち神のご意志の実現という点で何一つ欠けることのない内的な完全性、あるいは内的な幸福を意味します。個々人がその人生を主に委ね、神のご計画に従うとき、自らのうちに深い内的平和を見出し、そしてこの内的平和が、秩序正しい、調和のとれた他者との関係を通して世界に流れ出すのです。

これこそが、ミサの中で私たちの祈り求める「平和」であり、そのことはこれに続く祈願において明確にされていきます。司祭は、人間の状況を苦しめる二つのもの、すなわち私たちの平和を損なわせる罪と困難から私たちを解放して下さるよう、主に願います。神の掟は、私たちが幸福に至る道であり、それを破れば私たちのうちに平和は失われてしまうのです。もし私たちが我欲、高慢、嫉妬、色欲あるいは貪欲に身を任せてしまうと、私たちは決して幸福ではなくなります。私たちは確信なく、落ち着きなく、さらなる支配力や他者からの注目、富あるいは快楽を探し求める一方で、すでに所有しているものを喪失するのではないかと絶えず心配しているような状況に陥るのです。

キリスト信者は、生活の中で、自分の心の中から神の平和がかき消されてしまうような恐れを経験することがあります。職場や小教区の状況、あるいは家族の状況に心を悩ますことがあるかもしれません。将来を憂慮したり、あるいは苦難を恐れたりすることもあるかもしれません。重大な決断を下したことに不安を感じたり、経済状況や自分に対する他人の評価を心配したりするかもしれません。もちろんキリスト信者は、人としての自らの責任に気を配るべきです。しかし、心配事が私たちの心を支配し、その平和を失わせてしまうとき、それは何かが霊的に間違っているということのしるしです。そのようなとき、私たちは心の底から神に信頼を寄せてはいないのです。

ミサのこの時点で、司祭は、イエスが自ら与えようと思っておられる奥深い平和を私たちに味わせないようにしている、こうしたあらゆる心配事から、私たちを解放して下さるよう、主に祈ります。そして私たちが、この世の試練を経験しながらも、主がすべてを正されるその訪れの時を確信をもって期待しながらこの祈りを唱えているのだということを、司祭は示します。その希望を、感謝の祭儀では、使徒パウロのテトスへの手紙のことばを借りて、次のように表現しています。「祝福に満ちた希望、私たちの救い主イエス・キリストの到来を待ち望みながら」（テト 2:13 参照）と。

国と力と栄光は……

再び天上の天使たちのように、会衆は神を賛美しながら司祭の祈りに答えます。

Quia tuum est regnum, et potestas, et gloria in saecula.
なぜなら国と力と栄光は、世々とこしえにあなたのものだからです。

この祈りは、プロテスタントの主の祈りの結びとしても知られているものです。それは、イエスが私たちに実際に教えられた祈りの一部（マタ 6:9-13; ルカ 11:1-4 参照）ではありません（しかも通常、カトリックの典礼で唱えられる主の祈りに付属する祈りには含まれていません）。しかし、この祈りは聖書にその原形を持っていて、ミサのまさにこの瞬間こそが、収まりのつくふさわしい場所だと思われます。

基本的な次元において、この祈りは天上の礼拝（黙 5:12; 19:1）に見られる同様の賛美の声を反映しています。しかも、ここで私たちがその礼拝のことばをもって祈るとき、私たちは最初期のキリスト信者たちが参加していたミサにともにあずかっているのです。というのも、この祈りのことばは、使徒たちの時代に続く最初の世代のキリスト信者たちが祝った聖体祭儀において用いられていた「感謝の祈り」から採られたものだからです。[147]

その上、このことば自体は、さらに一千年も遡る旧約聖書の時代のも

147 『12 使徒の教訓　ディダケー』（紀元 110 年頃の成立）の 10 項を参照。

の、すなわち、ダビデ王がその治世の終わりに神にささげた究極の賛美の祈りに由来します。この祈りは、息子ソロモンにその王座を譲る前に、彼が王として残した最後の諸作を代表するものの一つです。

> 私たちの父祖イスラエルの神、主よ、あなたは世々とこしえにほめたたえられますように。偉大さ、力、光輝、威光、栄光は、主よ、あなたのもの。まことに、天と地にあるすべてのものはあなたのもの。主よ、国もあなたのもの。あなたは万物の頭として高みにおられます（代上 29:10-11）。

ダビデは、すべての王たちの中で最も名高い王でした。彼は権勢をほしいままにし、また栄光に満ちた君主であって、彼の王国はイスラエルの歴史の中で幾度か訪れた絶頂期のうちの一つをイスラエルにもたらしました。さらに自らの治世の終わりに、ダビデは、自分が王であったときに手にした繁栄は、すべて神からいただいたものであると謙虚にも悟るのです。彼が手中に収めた力も光輝も王国も何一つ彼自身のものではなく、すべては神のものでした。ダビデは言います、「主よ、偉大さ、力、光輝はあなたのもの……国もあなたのもの」であると。

ミサのたびに、私たちはダビデ王のこのことばを繰り返します。そうすることで、神を自分たちの人生の主であると認め、私たちに授けてくれるあらゆる祝福のゆえに私たちは神を賛美するのです。私たちのどのような善行も、体験する成功も、究極的には神からの賜物です。つまり、「国と力と栄光は、限りなくあなたのもの」なのです。

22. 平和のあいさつ

Domine Iesu Christe, qui dixisti Apostolis tuis:	主イエス・キリスト、あなたはご自分の使徒たちに仰せになりました。
Pacem relinquo vobis, pacem meam do vobis:	「私はあなたがたに平和を残し、私の平和をあなたがたに与える。」
ne respicias peccata nostra,	私たちの罪をご覧になるのではなく、
sed fidem Ecclesiae tuae;	あなたの教会の信仰をご覧下さい。
eamque secundum voluntatem tuam pacificare et coadunare digneris.	そして、あなたのご意思にしたがって、教会を平和にし、一つに集めて下さい。

御父に平和の賜物を願った後、司祭は、最後の晩餐のときにイエスが弟子たちに語ったことば、すなわち「私は、平和をあなたがたに残し、私の平和を与える」（ヨハ 14:27）を思い起こしながら会衆に語りかけていきます。

この一節に関して、イエス自身、自らが与える平和とは「世が与えるような」平和ではないと、先のことばに続けて説明しています。この表現と関連した叙述がヨハネ福音書の 15 章 11 節に見られます。「私の喜びがあなたがたのうちにあり、あなたがたの喜びが満たされるように」。そのようにイエスの愛に留まる者には、イエスの平和と喜びが約束されているのです（ヨハ 16:22 参照）。事実、復活された主は、弟子たちに会った時、最初にこの平和と喜びを与えておられます（ヨハ 20:19-21 参照）。

多くの人々はこの世の安寧（あんねい）と平和を求めますが、それは往々にして人間的成功にもとづく平和であり、一路順風の平和であり、諸問題や苦しみを回避して得る平和です。しかし、こうした類の平和や喜びは脆（もろ）く儚（はかな）

いものです。それは、外的な状況次第で簡単に変化し得るものです。人の健康、仕事、財務状況、周囲からの評価などがそれです。こうした不安定な基盤の上に人生の土台を置いても、真の平和と喜びは全く得られません。かえって、さらなる不安を生み出すだけです。

しかしながら、キリストはより深遠な、より長く継続する平和と喜びを与えて下さいます。この平和と喜びは、この世が与えるものとは異なります。イエスに私たちの人生の土台になっていただき、私たちのために立てて下さった主のご計画に従って生きるとき、つまり私たちがイエスとともに信仰、希望、愛に生きるとき、主は私たちに深い内的で霊的な平和と喜びを与え、人生の多くの失望や試練や苦しみに立ち向かわせて下さいます。これこそが真の心の平和、喜びであって、あらゆる結婚生活のうちに、またあらゆる家庭、共同体、小教区そして国家のうちにも真の一致を築いてくれるものです。そしてこれが､典礼のこの部分で、司祭が願い求めて祈っていることなのです。

それから、司祭は平和の挨拶として、会衆の方を向いて、パウロの多くの書簡の中に出て来ることばを人々に語ります。「主の平和がいつもあなたがたとともにありますように」（ロマ 1:7; 1 コリ 1:3; ガラ 1:3 を参照）と。これは単に使徒的な挨拶というだけでなく、もともと復活されたイエスが、戸に鍵をかけて閉じこもっていた弟子たちの前に現われたとき最初に語ったことば､「あなたがたに平和があるように」に依拠している力ある呼びかけです。そのことばを聞いた弟子たちは喜んだと記されています（ヨハ 20:19-22）。

まさに、晩餐の席でイエスが弟子たちに約束した平和と喜びが、復活したイエスと出会った弟子たちに与えられたのです。祭壇上に現存される復活のキリストは、司祭の口を通して、新たに私たちにご自分の平和を与えようと語っておられます。私たちは不安や悲しみで心を閉ざすのではなく、主の平和に喜びをもってあずかるよう招かれているのです。

平和のしるし

次に平和のしるし（平和のあいさつ）が続きますが、それはいにしえのキリスト信者の実践、特にペトロとパウロの「聖なる口づけをもって互いに挨拶を交わしなさい」（ロマ 16:16; 1 コリ 16:20; 2 コリ 13:12;

また1テサ5:26; 1ペト5:14も参照）という勧めを反映しています。この「聖なる口づけ」は、初期キリスト者たちが分かち合った愛における一致を表現するものであり、ふさわしくも典礼の中で実践されることになったのです。すでに紀元155年には、殉教者ユスティノスがミサの中で口づけを交わすことについて語っています。200年頃、テルトゥリアヌスはこの儀式が祈りとして承認されていることに触れています。

こうした初代教会の実践は、マタイ福音書5章24節の教えに沿うものとも解されます。実際、ミラノのアンブロジウス典礼においては、現在でもこの平和のしるしは共同祈願のとき、つまり供え物を祭壇に奉納する前におこなわれています。

私たちは今日のミサにおいて、平和や一致、そして愛を表わす何らかのしるしを交わします。そのしるしは、地域の習慣によって異なることが許容されています。ある文化的状況では、このしるしが握手することを意味する場合もあるでしょう。他には、お辞儀をしたり、あるいはまた別のしるしをしたりすることも当然あり得ます。

その所作がどうであれ、平和のしるしは、主の祈りを、今からおこなわれようとしている聖体拝領と結びつけるものと理解することができます。その一方で、この平和のしるしは、すでに見たように、すべての神の子らの一致を表現する役目、主の祈りを美しく儀式的に形式化する役目を果たしています。私たちは、個々別々に神に依り頼むのではなく、神の契約によって結ばれた家族の兄弟姉妹として、一緒に「天におられる私たちの父よ」と言いながら神により頼むのです。他方で、平和のしるしは、聖体をいただくときに会衆がお互いに分かち合う深い一致を、あらかじめ象徴的に示すものなのです。

23. 平和の賛歌 *Agnus Dei* と聖体の分割、御体と御血の混合、「神の小羊」

ミサのこの部分は、これから考察することになる三つの儀式を含みます。すなわち、パンを裂くこと、キリストの御体と御血の一致、そして「神の小羊」の祈りの唱和です。ここで司祭は、聖体となったパンの分割（fractio panis)、すなわち「パンを裂くこと」として知られている象徴的な行為において、聖体となったホスチアを裂きます。

古代のユダヤ人たちにとって、「パンを裂く」という表現は食事を始めるときの儀式を意味していました。食事の席では、家長がパンを取り、祝福の祈りを唱え、それからパンを裂いて、その場に居合わせた者たちとそれを分かち合いました。「パンを裂く」という表現は、それを聖体祭儀と関係付けた初代キリスト信者たちにとって大変重要な意味を持っていました。

福音書は、イエスご自身がパンを裂いたときの出来事を四つ報告しています。最初の二つは、〈イエスが奇跡的にパン増やして多くの群集を養った〉という出来事で、二か所の記事の中で記されています（マタ 14:19; 15:36; マコ 6:41; 8:6; ルカとヨハネでは一ヵ所のみ)。

特にマタイ福音書は、いかにこのパンの増加の奇跡が聖体祭儀を予示しているか理解できるように、私たちを導いてくれています。群集に食物をお与えになるとき、イエスはパンを取り、賛美の祈りを唱え、それらを裂いて、群衆に配るようにと弟子たちに与えました（マタ 14:19)。

マタイは後にこの四つの動詞を用いて、最後の晩餐のときに聖体が制定されたことを記述しています。この最後の晩餐が、イエスがパンを裂いたときの三つ目の出来事です（マタ 26:26; またマコ 14:22; ルカ 22:19; 1コリ 11:24 を参照)。「イエスはパンを取り、賛美の祈りを唱えて、これを裂き、弟子たちに与えながら言われた……」（マタ 26:26)。これらの動詞を関係づけながら、マタイは、パンの増加がいかに聖体というさらに偉大な奇跡を前もって示そうとしているのかを強調しています。

前者（パンの増加の奇跡）では、イエスはパンを増やして大群集に食べさせました。後者（最後の晩餐）では、超自然的なパン、つまり聖体の秘跡としての命のパンを与えて、さらにもっと大きな数の人々、すなわち全世界、全時代を通じて聖体にあずかるキリスト信者の大きな群れを養うのです。

イエスがパンを裂かれたと伝えている四つ目の出来事は、また聖体のニュアンスを含んでいる別の場面です。すなわち、〈二人の弟子がエマオに向かう途上で、イエスが彼らに現われた〉という復活の記事です。最初、彼らは自分たちと一緒に歩いているのがイエスだとは分かりませんでしたが、彼が「パンを取り、賛美の祈りを唱え、パンを裂いて彼らにお渡しになった（お与えになった）」とき、イエスだと分かったのです（ルカ 24:30）。

初代教会においてパンを裂くこと

使徒言行録は、初代教会がいかに人々を集めて、ともにパンを裂いていたかを記述しています（すでに見たように、「パンを裂く」という用語は諸福音書やパウロの諸書簡に見られる聖体祭儀と関係がありました）。

諸教会や諸バジリカそして諸司教座聖堂が建設されるよりはるか以前に、エルサレムの最初期のキリスト信者たちは、ともに神殿を詣でて、またパンを裂くために自分たちの家に集まって神を礼拝しました（使 2:46）。同様に、数年後、エルサレムから遠く離れたトロアスで、パウロに従っていたキリスト信者たちは、週の始めに「パンを裂くために」彼とともに集まりました(使 20:7, 11)。キリスト信者が使徒たちの教え、祈ること、そして交わりに熱心であることと並んで、使徒言行録が初期キリスト信者たちの生活にとって主要な四つの特質の一つとして「パンを裂くこと」を掲げているほど（使 2:42）、そのために集まることは非常に重要なことでした。

パウロ自身、単に聖体祭儀を叙述するためにだけ「パンを裂く」という表現を用いていたのではありません。彼は、多くの人々が同じパンを皆で分かち合う儀式のうちに豊かな象徴を見ていました。それはパウロにとって、キリスト信者が一つのキリストの御体をともにするときに分かち合う深い一致のことをも指しているのです。「私たちが裂くパンは、キリストの体にあずかることではありませんか。パンは一つだから、私たちは大勢でも一つの体です。皆が一つのパンを分けて食べるからです」（1コリ 10:16-17）。

それゆえ司祭がミサの中で聖体のホスチアを裂くとき、パンを裂くというこの偉大な伝統が、つまり旧約聖書の時代のユダヤ人たちからイエスの実践へ、使徒たちと初代教会へ、そして今現在へと及ぶ伝統が、この儀式を通して思い起こされるのです。

御体と御血の混合 —— ホスチアを裂いた後、司祭はその一部をカリスに入れながら、次のように沈黙のうちに祈ります。

Haec commixtio Corporis et Sanguinis Domini nostri Iesu Christi fiat accipientibus nobis in vitam aeternam.

この私たちの主イエス・キリストの御体と御血の混合が、それを拝領する私たちにとって永遠の命となりますように。

キリストの御体と御血の混合 commixtio として知られるこの儀式は、かつて教会の一致を表わすためにおこなわれていました。ローマでは、司教が fermentum（パン種）と呼ばれる聖別されたホスチアの小片を町中の司祭たちに送り、司祭たちはローマの司教との一致のしるしとして、ミサの時、自分たちのカリスにそれを入れていました。中には、この儀式をキリストの復活を象徴的に再現しているのだと解釈する人もいました。この考え方は８世紀のシリアに根ざしているといわれるもので、それによれば、ミサの中でパンとぶどう酒が別々に聖別されることは、死によってキリストの御体と御血が分離することを象徴している一方、御体と御血の混合の儀式は、キリストの復活において御体と御血が再び一致することを表現しているというのです。

平和の賛歌 *Agnus Dei* —— 司祭がホスチアを裂く儀式を司り、それから御血に御体を混ぜる間、会衆は平和の賛歌 *Agnus Dei*（ラテン語で

「神の小羊」の意味）として知られる次の祈りを歌うか、あるいは唱えます。

Agnus Dei, qui tollis peccata mundi: miserere nobis.	神の小羊、世の罪を取り除かれる方。私たちをあわれんで下さい。
Agnus Dei, qui tollis peccata mundi: miserere nobis.	神の小羊、世の罪を取り除かれる方。私たちをあわれんで下さい。
Agnus Dei, qui tollis peccata mundi: dona nobis pacem.	神の小羊、世の罪を取り除かれる方。私たちに平和をお与え下さい。

「神の小羊」は、私たちをまっすぐに神の玉座にまで引き上げてくれるまた別の祈りです。これらのことばを唱えるとき、私たちは、ヨハネが黙示録に記している勝利の小羊であるイエスを、無数の天使たちに加わって、天上の典礼において礼拝するのです。「また私は見た。そして、玉座と生き物と長老たちとの周りに、多くの天使の声を聞いた。その数は千の幾千倍、万の幾万倍であった。彼らは大声でこう言った。『屠られた小羊こそ、力、富、知恵、権威、誉れ、栄光、そして賛美を受けるにふさわしい方です』」（黙 5:11-12）と。

ヨハネはまた、すべての被造物が小羊を礼拝するのを見ました。「また私は、天と地、地の下と海にいるすべての造られたもの、そして、そこにいるあらゆるものがこう言うのを聞いた。『玉座に座っておられる方と小羊に、賛美、誉れ、栄光、そして力が、世々限りなくありますように』」（黙 5:13）と。ミサの中で平和の賛歌を唱えるとき、私たちは神の小羊を礼拝しながら、この天と地の合唱に加わるのです。

私たちが、「神の小羊、世の罪を取り除かれる方」[148] とイエスに宛てて呼びかけることはまことにふさわしいことです。なぜなら新約聖書は、イエスが私たちのためにいけにえとなられた新しい過越の小羊であると

148 現行の日本語のミサの中では、「神の小羊、世の罪を取り除きたもう主よ」と歌うか唱えています。

啓示しているからです。パウロは、イエスのことを「屠られた私たちの過越の小羊」（1 コリ 5:7）と呼んでいます。黙示録は、イエスを「屠られた小羊」（黙 5:6, 12; 13:8）と言い、その血は聖なる者たちの衣を洗い（黙 7:14）、サタンにさえ打ち勝った（黙 12:11）と証しています。

とりわけヨハネ福音書は、イエスが〈十字架の死によって私たちのためにいけにえとなられた過越の小羊である〉と認められるべき根拠を浮き彫りにしています。ヨハネが、イエスの口元に酸いぶどう酒を含ませた海綿を差し出している兵士たちの記事を伝えるとき、「その海綿はヒソプの枝につけられていた」と記しています。

なぜヨハネは、この些細なことを詳しく記述しているのでしょうか。それは、これがエジプトでの最初の過越の時に使われたのと同種の枝だったからです。モーセは、過越の小羊を屠り、彼らの家の鴨居にその小羊の血を塗ってしるしを付けるため、ヒソプを小羊の血に浸して使うようにとイスラエルの長老たちに指示しました（出 12:22）。ヨハネは、私たちがイエスの死を過越のいけにえとして理解できるよう、このことを記しているのです。『ヒソプが最初の過越のいけにえに使われたように、今や、ゴルゴタ（カルワリオ）の丘で新しいいけにえの小羊となられたイエスにそれが用いられている！』というわけです。

過越の小羊との関連で、これとはまた別にヨハネ福音書が特に関心を寄せていることは、兵士たちがイエスを十字架から取り下ろしたとき、死亡を確認するために普通は足を折るところで彼らがそうしなかったという点です（ヨハ 19:33）。ヨハネがこのことを指摘しているのは、本来、過越の小羊は、その骨を折られることがなかったからです（出 12:46）。こうして再び、イエスの死は過越の小羊のいけにえとして描かれているのです。

見よ、神の小羊だ！

しかしながら、「神の小羊」という祈りのことばは、最も直接的に洗礼者ヨハネに由来しています。ヨハネは、イエスのことを「神の小羊」と呼んだ最初の人物でした（ヨハ 1:29, 36）。ヨハネがヨルダン川で洗礼を授ける活動をしている最中、初めてイエスを見たとき、彼は「見よ、世の罪を取り除く神の小羊だ」（ヨハ 1:29）と叫んでいます。

この短い発言の中には、実に多くのことが包含されています。このことばを発していることから、ヨハネはイエスこそがイザヤによって預言された偉大な「苦しむ僕」であると見抜いている、と解されます。イザヤは、「いつの日にか、神がイスラエルを罪から救うために誰かを遣わして下さるであろう」と予告したのですが、その人物が「屠り場に引かれる小羊のように……」（イザ 53:7）と形容されているように、イエスは苦しむことを通してそれを成し遂げられるのです。さらに、この「主の僕」は人々の罪を背負い、「自らを償いのささげげものとする」（イザ 53:10-11）ことになります。そうであれば、彼が自らをいけにえとしてささげることには、当然、あがないの力があったはずです。彼のいけにえによって、やがて多くの人が義とされるのです（イザ 53:11）。

もちろん、いけにえとなる小羊からは、過越の小羊が思い起されるはずです。しかし、イザヤ書で紹介されている新しい要素は、「自分の命をささげる一個人が罪のためのいけにえとなる」という考え方です。それゆえ、洗礼者ヨハネがイエスを「世の罪を取り除く小羊」と呼ぶとき、彼は単にイエスを過越の小羊であると見ているだけではなく、イザヤ書 53 章に登場する永年待ち続けた苦しむ僕、つまり自らの命を罪のゆるしのためにいけにえとしてささげることになる小羊であるとも見ているのです。

ミサのまさにこの瞬間に、「神の小羊」を唱えることは何とふさわしいことでしょうか。司祭が聖別されたホスチアを裂く間、会衆は、洗礼者ヨハネとともに、イエスこそが自らの命を世の罪のあがないのためにいけにえとしてささげるイザヤ書 53 章の「主の僕である小羊」だと確信するのです。イエスこそ、屠り場に引かれて行った小羊です。イエスは、自らのいけにえによって多くの人々を義としたその方です。こうして、私たちはイエスを「神の小羊」と呼び、その死によって「あなたは世の罪を取り除かれる方」と、イエスに向って言うのです。

この祈りは、「神の小羊、世の罪を取り除かれる方……」[149] と典型的に三度繰り返されます。これは、ミサの中で三度繰り返される他の祈りを模倣しています。回心の祈り（*Confiteor*）では、私たちは各々、三度自

149　注 148 を参照。

らの罪を認めて、「私の過ちによって、私の過ちによって、私の大いなる過ちによって」[150] と言います。また「あわれみの賛歌」（*Kyrie*）では、神のあわれみを願い求めて三度繰り返して叫び声を挙げます。さらに「感謝の賛歌」（*Sanctus*）において、三度「聖なる主」を歓呼した後、聖体拝領の直前に、私たちは自分たちを罪から解放することのできる唯一の方、すなわち私たちのためにご自分の命をささげて「世の罪を取り除かれた神の小羊」に、あわれみと平和を願い求めるのです。

最後に注目すべき点として、平和の賛歌（*Agnus Dei*）においても、あわれみの賛歌（*Kyrie*）と同様に、「あわれんで下さい」という願いが繰り返されていることがあげられます。最後にイエスを「神の小羊」と呼ぶとき、あわれみを求める叫びは、平和を求める祈願へと変わります。こうして平和の賛歌は、今しがた与えられたばかりの平和のしるしに結ばれていきます。そしてこの一致は、後に続く聖体拝領によって堅固に築き上げられることになるのです。

聖体拝領の準備のための祈り

Agnus Dei が歌われている間、司式司祭は次のように祈って聖体拝領のための準備をします。この祈りは、単に司祭のためだけではなく、聖体拝領に臨むすべての信者にとっても有益なものです。

Domine Iesu Christe, Fili Dei vivi,	主イエス・キリスト、生ける神の御子よ、
qui ex voluntate Patris,	あなたは御父のご意思に従って、
cooperante Spiritu Sancto,	聖霊と協働し、
per mortem tuam mundum vivificasti:	あなたの死によって世界を生かして下さいました。
libera me per hoc sacrosanctum Corpus et Sanguinem tuum	この至聖なるあなたの御体と御血によって私を解放して下さい。

150　本書第２部の「回心の祈り」の項目を参照。

ab omnibus iniquitatibus meis et universis malis:	私のすべての咎から、またあらゆる悪から。
et fac me tuis semper inhaerere mandatis,	そして私がいつも、あなたの命ずることに従うようにして下さい。
et a te numquam separari permittas.	また、私があなたから離れることを決してお許しにならないで下さい。

または、

Perceptio Corporis et Sanguinis tui, Domine Iesu Christe,	主イエス・キリストよ、あなたの御体と御血を受けることが、
（quod ego indignus sumere praesumo）	（取るに足りない私があえていただくのですから）
non mihi proveniat in iudicium et condemnationem:	私にとって裁きと罰になりませんように。
sed pro tua pietate prosit mihi	むしろ、あなたのいつくしみによって私に益となりますように、
ad tutamentum mentis et corporis,	心と体を守るために、
et ad medelam percipiendam.	そして癒しの薬となるために。

24. 聖体拝領

みなさんはこれまでに、ミサを婚宴だと考えたことはありましたか。ミサのことを考えるとき、私たちには「典礼」、「交わり」（一致）、「真の現存」あるいは「いけにえ」ということばがすぐに思い浮かぶかもしれません。しかし、結婚というのはどうでしょうか。

ともかく教会の教父たちから十字架のヨハネの神秘詩に至るまで、そしてさらには教皇ヨハネ・パウロ２世の神学的著作に至るまで、カトリック教会は、典礼の頂点である聖体拝領を「私たちの神聖なる花婿イエスとの聖体祭儀における親密な一致」だとしばしば慣習的に説明してきました。

私たちが聖体拝領の前に、司祭が簡潔に宣言することばを考慮するとき、私たちはミサがいかなる意味で婚宴であるのかを理解することができます。

Ecce Agnus Dei, ecce qui tollit peccata mundi.	見よ、神の小羊を。見よ、世の罪を取り除く方を。
Beati qui ad cenam Agni vocati sunt.	（この）小羊の晩餐に招かれた人々は幸い。

前半のことばは、洗礼者ヨハネが弟子たちにイエスを指して述べた、「見よ、世の罪を取り除く神の小羊だ」（ヨハ 1:29）に依拠しています（残念なことに、これは日本語のミサ式次第では省かれています）。ここで司式司祭は、聖別された御体と御血を会衆に示して、同じようにキリストの現存を認めるように招いています。

一方で、後半の表現は、ヨハネの黙示の最終場面から―いうなれば聖書全体の最終極面から―取られています（黙 19:9）。このことばの真意を十全に理解するためには、一度、ヨハネの黙示のこの部分を含むより広範な脈略の中で、それがどのように見えてくるのかを考察する必要があります。

ハレルヤ

ヨハネの黙示の 19 章 1-6 節には、主に新しい歌を歌っている天使たちや長老たちとともに天の大群衆が出てきます。彼らは神を賛美しながら 4 回、「ハレルヤ」と声を挙げています。これは大変意義深いことです。なぜなら、この典礼的に重要な語である「ハレルヤ」(主を賛美せよ) は、旧約聖書では数多く見出されても、新約聖書全体ではわずか 4 回しか使われていないからです。しかもその四つの事例は、すべてヨハネの黙示 19 章の、まさに 1 節から 6 節までの中で、矢継ぎ早に次々と現われるのです。

ヨハネの黙示の 19 章 1-6 節の「ハレルヤ」という突然の合唱から、旧約聖書の有名な「ハレル詩編」(詩 113-118) が思い出されるかもしれません。これらの詩編のグループは「ハレル集」とも呼ばれますが、それは、それらの詩のいくつかが「ハレルヤ」で始まるか終わるかしていて、あがないのわざのゆえに神を褒め称えているからです。

興味深いことに、このハレル詩編は、ユダヤ人たちが過越の食事の中で歌うことになっていた詩でした。ユダヤ人たちは、出エジプト記の中でエジプト人たちからイスラエルを救い出し、再びご自分の民をあがなうであろう主 (Jahweh) を賛美しながらこの「ハレルヤ」を歌いました。それどころか、イエスと弟子たちが最後の過越の食事、すなわち最後の晩餐のときに歌ったと思われる歌がまさにこのハレル詩編なのです。そしてまさにその時、イエスは聖体の秘跡を制定されたのです (マタ 26:30; マコ 14:26 を参照)。

小羊の婚宴

こうした背景を重要な手掛かりとして、ヨハネの黙示の 19 章 6 節に出てくる 4 つの「ハレルヤ」のうちの最後のハレルヤを理解することができるかもしれません。天上の小羊の晩餐の間、ずっと大群衆の声が神を賛美しながら共鳴している中で、この四番目の「ハレルヤ」が天上の礼拝の転換点となります。

ハレルヤ、全能者である神、主が王となられた。
私たちは喜び、大いに喜び、神の栄光をたたえよう。
小羊の婚宴の日が来て、花嫁は支度を整えた。（黙 19:6-7）

それから、天使はヨハネにこう書き記すように命じています。

小羊の婚礼の晩餐[151]に招かれている者は幸いだ。（黙 19:9）

この「小羊の婚礼の晩餐」とは一体何でしょうか。実はそれこそが主の食卓、つまり聖体祭儀なのです。まず第一に、晩餐と小羊ということばから、ユダヤ人たちが小羊をいけにえとしてささげ、それを主要料理としてよく食べていた「過越の晩餐」が思い出されます。さらに私たちは、「ハレル詩編」のような黙示録 19 章の 1 節から 6 節の「ハレルヤ」が合唱される中でおこなわれる小羊の晩餐を読み知れば、過越の食事がほのめかされていることがより明白になります。

こうして、この究極の小羊の晩餐は、明らかに一種の過越の食事であり、ヨハネの黙示の典礼的な枠組みを考慮すると、それは「聖体祭儀という新たな過越の食事である」と理解されるでしょう。これこそエルサレムの最後の晩餐で、キリストが弟子たちに示された神秘そのものです。教会はミサにおいてそれを記憶し祝い続けているのです。

しかし、この箇所（黙 19:1-6）は、私たちにさらに劇的な何事かを語ってくれています。ヨハネの黙示の 19 章 6-9 節において、小羊は花婿であるということが明らかにされているのです。つまり、この過越の晩餐が婚宴だということです。花婿である小羊はイエスであり、また花嫁は私たち自身が表わす教会なのです。そしてイエスはその教会と結婚の絆を結ぶためにやって来られます。まさにこれこそが婚宴であって、この婚宴の中で、小羊はご自分の花嫁と結ばれ、キリストとその教会の〈決して分かつことのできない究極的な絆〉の完成が象徴されています（黙

151　ラテン語規範版の聖書（*Nova Vulgata*）では cenam nuptiarum Agni となっています。スリの原書にある marriage supper はその直訳的表現で、ここではこれを婚礼の晩餐、婚宴と訳し、supper を晩餐と訳しています。そのため、ここでは共通する supper 晩餐という用語が話題になっています。

21-22; エフェ 5:21-33 を参照)。

私たちは、「とこしえに神である花婿と結ばれたい」と望む婚姻の交わりを、この地上における聖体祭儀の典礼において前もって味わうのです。私たちがこの典礼によって参与することになるのが、イエスと教会のこの天上的な婚姻関係です。それゆえ、司祭が「小羊の晩餐に招かれた者は幸い」と言うとき、彼はヨハネの黙示に出てくる天使たちの小羊の婚宴への招きをそのまま反復して私たちにも語っているのです(黙19:9)。

あなたがこのことばをミサにおいて耳にするとき、あなたは自分がその婚宴に招かれていることに気づいているでしょうか。あなたは、イエスとその教会の婚宴をともにするように招かれています。それも、あなたは決して平凡な招待客などではありません。あなたこそキリストの花嫁なのです。あなたは、教会のメンバーとして、聖体拝領のために聖堂の通路を進むとき、あなたの花婿イエスと結ばれる瞬間へと向かっているのです。

実際に、聖体拝領は結婚という次元で理解されます。夫と妻は、できる限り最も親密な仕方で身体を結び合わせ、夫婦行為の中で互いに自らを与え合います。同様に、私たちの神なる花婿は、この地上でできる限り最も親密な方法で、ご自分を私たちに結び合わせるためにやって来られ、まさにご自分の体と血を聖体祭儀の中で私たちにお与えになります。

このようなわけで、教会が聖体拝領後に感謝の祈りをささげてきた習慣は非常に重要です。私たちは主とともに憩いたいと思うものですが、それは人生の多くの時点で、なかんずく聖体拝領後のしばらくの間、主が私たちの心のうちにおられるときに、主に語りかけて感謝したいと思うはずです。良き夫であれば、妻との親密な交わりの後、すぐにメールを確認したり、あるいは芝を刈るため駆け出して行ったりすることはしないでしょう。また、花婿が私たちの中に親密な仕方でとどまっておられる限り、駐車場から車を出すことを考えたり、何かの集会のことを気にしたり、友人とおしゃべりをしようと思ったり、コーヒーとドーナツを買うことを考えたりするはずがありません。この時間は、私たちが最愛なる方と憩うために取るべきひとときです。愛情をもって最大の関心と感謝をその方に寄せる時間であり、私たちの愛を表現するための最高の時間です。

この観点から、ミサはまさしく婚宴です。花婿と一つであることを切望する花嫁のように、私たちの心は神なる花婿との聖なる交わりを切に求める思いで満たされているに違いありません。そして、聖体となって下さった花婿の体は、できる限り最も親密な方法で、秘跡的に私たちのうちに入って来て、私たちの体とまさに一つとなるのです。

聖体拝領前の告白――主よ、わたしはふさわしい者ではありません

しかし、単なる人間にすぎない私たち、おまけに罪深い者である私たちは、いかにして〈完全に聖であり全能なる神〉にあえて近づくことができるというのでしょうか。ラテン語規範版のミサ式次第では、私たちは、聖体拝領という神の小羊の婚宴への招きに答えて、一方で自分には主を拝領する資格などまったくないと認め、それと同時に、イエスが私たちを召し出し、癒して下さるに違いないという信頼を表現する次の祈りを唱えます[152]。

Domine, non sum dignus, ut intres sub tectum meum,	主よ、私はあなたを私の屋根の下にお迎えするのにふさわしい者ではありません。
sed tantum dic verbo, et sanabitur anima mea.	ただ、おことばを下さい。そうすれば私の魂は癒されるでしょう。

このことばは、中風で苦しみながら家に寝込んでいる自分の子どもをイエスに癒して下さるように頼んだ、ローマの百人隊長の謙遜と信頼を表わしたものです。この百人隊長は、神との契約の部外者であった異邦人であり、また神の民を虐げていたローマ帝国の百人の兵士を束ねる士官だったので、謙遜にも自分の家にイエスを招く資格などまったくない

152　第二バチカン公会議後の日本の教会では、百人隊長のことばではなく、ペトロのことば（ヨハ 6:68）に依拠した「主よ、あなたは神の子キリスト、永遠の命の糧、あなたをおいてだれのところへ行きましょう」という表現が用いられてきました。ただ、これは普遍的な教会の典礼のことば遣いから見ると異例とも言える表現です。

と認めているのです。

さらに百人隊長の告白は、諸福音書に見られる他の多くの人々の信仰を凌駕（りょうが）する偉大な信仰を言い表わすもので、それがイエスをも驚かせています。彼は、イエスがただことばを語るだけで、どんなに遠くからでも病を癒すことができると信じているのです。「ただ、おことばを下さい。そうすれば､私の子は癒されるでしょう」（マタ 8:8）と。イエスは、この男をその信仰ゆえに称えています。

百人隊長のように、私たちは、イエスにわが心の「屋根」の下に来ていただく資格などないことをよく知っています。それでも百人隊長が、イエスは自分の子どもを癒すことができると信じたように、神の子とされた私たちもイエスによって癒されることを確信しているのです。聖体において、イエスは最も親密な私たちの心の客人になって下さるのですから。

マリアの初聖体

聖体を拝領する神聖な時の考察を締めくくるにあたり、かつて聖母マリアにとって、その初聖体にはどのような意義があったのかを思い巡らした教皇ヨハネ・パウロ２世の考察に注目しましょう。

まず、教皇ヨハネ・パウロ２世は、自らの胎にイエスを身ごもるマリアと聖体を拝領する人物との間にある深い関係性に特別な関心を寄せています。ある意味で、聖体を拝領するたびに、私たちはマリアのようになるのです。「マリアはその聖体への信仰を、聖体が制定される前から示していました。マリアはご自分のおとめの胎を、神のみことばの受肉のためにささげたからです。」[153] ９ヵ月の間、マリアはイエスの体と血を胎内に宿していました。同じように私たちは、ミサで秘跡的な形で主の御体と御血を拝領します。「お告げを受けたとき、マリアは神の子を、真の意味での肉体において、すなわち体と血において身ごもりました。こうしてマリアの中で、ある意味であらゆる信者において秘跡の形でおこなわれることが、それを先取りする形で始まりました。信者はパンと

---

153 『教会にいのちを与える聖体』55 項。

ぶどう酒のしるしのもとに、主の御体と御血を拝領するからです。」[154]

続いてヨハネ・パウロ２世は、マリアが初めて聖体のことを耳にしたとき、どのように感じだろうかと思い巡らしています。彼女は最後の晩餐に同席しておらず、多分、後に使徒たちから、そこで何が起こったのかを聞き知ったことでしょう。

「ペトロ、ヨハネ、ヤコブ、その他の弟子たちの口から、最後の晩餐で語られたことばを聞いたとき、マリアはそれをどのように感じたでしょうか。『これは、あなたたちのために与えられる私の体である』（ルカ 22:19）。私たちのためにいけにえとして引き渡され、秘跡のしるしのもとに現存するこの主の体は、マリアが胎内に身ごもった体と実に同じものなのです。」[155]

それからヨハネ・パウロ２世は、幸いなるおとめが聖体拝領から受け止めたと思われる特別な意味を美しく解釈しました。

「マリアにとって聖体を受けることは、いわば自分の胎内にもう一度、主の心を迎え入れることだったのだろうと思います。その心は、かつてマリアの心に合わせて脈打っていたものでした。」[156]

なんと含蓄に富んだ洞察でしょうか。このように、わが子と再会するために身支度しているマリアを想像してみて下さい。聖体拝領のたびに、マリアがイエスに傾けたその愛情ある眼差しを想像してみて下さい。彼女にとって、わが子を再び自分のうちに宿らせることは、ことばに言い表わせない喜びであったに違いありません。マリアが、聖体を拝領する私たちの模範であるように、マリアがわが子を迎えたように、私たちも聖体拝領のたびに、熱烈にイエスを迎えることができるように祈りましょう。「マリアの心がイエスと完全に調和して高鳴るように、聖体によって、私たちの心もイエスとさらに一層調和しながら高鳴りますように」と。

聖体を授与した後、司祭は杯をすすぎながら「拝領後の祈り」をささ

154　同上。

155　同上。

156　同 56 項。

げます。その祈りの中で、司祭は聖体が私たちの生活の中で霊的に実りをもたらすよう、主に願います。

Quod ore sumpsimus, Domine, pura mente capiamus, et de munere temporali fiat nobis remedium sempiternum.

主よ、私たちが口で拝領したものを、純粋な心で受け取ることができますように。そして今受けた賜物が私たちにとって永遠の命のための薬となりますように。

神の民は皆、いつも自分たちがおこなったこと、祝ったことを深く理解し、それに倣う者、それを生きる者になるように招かれています。キリスト信者は、自分たちがミサにおいて祝った主の過越の神秘を生きるよう招かれています。

そのため、私たちが聖体にあずかるのは単なる習慣などではなく、まさに主の愛において自らをキリストの背丈に成長させるため、まさに「聖なる者となる力をいただくため」なのです。

第５部

閉祭の儀

25. あいさつ、祝福、散会

Dominus vobiscum.	主があなたがたとともに。
-Et cum spiritu tuo.	また、あなたの霊とともに。
Benedicat vos omnipotens Deus, Pater, et Filius, et Spiritus Sanctus.	全能の神、父と子と聖霊が、あなたがたを祝福して下さいますように。
-Amen.	アーメン。
Ite, missa est.	行きなさい。ミサは終わりました（あなたがたは派遣されました）。
-Deo gratias.	神に感謝。

神とのコミュニケーションである祝福

ミサ聖祭の終盤、散会する前に、司式者である司教[157]あるいは司祭は

157　司教も司祭が唱えるのと同じ祝福の文言を唱えますが、司祭が十字架のしるしを一度切るのに対し、司教は三度切ることになっています。この祝福に関して、「司教掩祝（えんしゅく）」と呼ばれている教皇を含めた司教たちにのみ留保された祝福の定式が用いられることがあります。それは次のとおりです。

司教 : Sit nomen Domini benedictum. — 会衆 : Ex hoc nunc et usque in saeculum.
（主のみ名はたたえられますように）　（今も世々に至るまで）

司教 : Adiutorium nostrum in nomine Domini. — 会衆 : Qui fecit caelum et terram.
（私たちの助けは主のみ名にあります）　（彼は天と地を創られたからです）

司教 : Benedicat vos omnipotens Deus, Pater ✠, et Filius ✠, et Spiritus Sanctus ✠ . — 会衆 : Amen.
（全能の神、父と子と聖霊があなたがたを祝福して下さいますように）　（アーメン）

教皇がこの定式を用いて、日曜日の正午におこなわれるお告げの祈り（アンジェルス）の最後に、集まった人々を祝福していることはよく知られています。実は、この祝福の文言も、ラテン語のブルガタ訳聖書の詩編に根拠を持つもので、一言一句違わず引用されています。↗

会衆に向かって、ことばと十字架のしるしとともに「派遣の祝福」を与えます。

祝福を受けた信者は、再び、自らの生活の場に戻っていくことになります。祭儀にあずかった人々は、聖体拝領で受けたキリストの御体を糧にして、新たな生活へと、祝福とともに送り出されていくのです。

ところで、祝福は送る側と受け取る側の二者があって初めてその間で成立するものです。聖書に目を向ければ祝福は、祝福する神と祝福される被造物[158]との間で交わされていることがよく分かります。つまり祝福は、二者の間でやりとりされる一種のコミュニケーションであると言えます。

創世記の初めに描かれている天地創造の場面で、神は最初の被造物である水の中で生きる魚類と天空を舞う鳥類を祝福されています（創 1:20-22）。次いで、地上に生きる動物や家畜を創られます（創 1:24）。そして最後に、私たち人類を創られました（創 1:27）。

しかし神は単にそれらを創造されただけではなく、創られたものを善しとして祝福しておられるのです（創 1:22, 28）。

神が被造物に与えられる祝福の目的は、「産めよ、増えよ、満ちよ」（創 1:22, 28）ということばに示されています。神が祝福を通してそれを受け取る側に願っていることは 「繁栄」です。創られたものが豊かさを享受して栄え、途絶えることなく子々孫々までも末長く増えていくようにとの神の切なる思いが、祝福に込められているのです。

特に神がお選びになったアブラハム（創 12:2-3）、その一族の後継であるイサク（創 26:3-4）とヤコブ（創 28:13 以降）において、数え切れない子孫でアブラハムの家が満たされたことこそが祝福の結果であったことは、はっきりと伺えます。

また、家が栄えて行くためには、人間が末永く生きていくことのできる環境に置かれているということが大変重要な要素となります。人間の生命維持に欠かせない家畜の増殖（上記のとおり）、それと地から

最初の一行目は詩編 113:2 から、二行目は詩編 124:8 からです。

158　祝福される側すなわち祝福を受け取る側を「被造物」としたのは、人間に限られているわけではないからです。

得る継続的な穀物の実り、つまり「豊穣」も同様です（レビ 25:21; 申 28:8)。したがって、祝福にはこれから先に善なるものを希求し、明るく開かれた未来を志向する要素が強く現われてきます。

このように、祝福することのできる主体はあくまでも神であって、人間ではありません。[159] ミサの中で司式者は参加している会衆に向かって「神が祝福を与えて下さいますように」と祈ります。

それは、ミサを司式する司教や司祭にキリストの祭司としての権能が与えられているからです。このことは、民数記 6 章 22-27 節からはっきり分かるように、かつてユダヤの民の中において、民に「神の名を置くことによって」祝福を与える役目を祭司たちがその職権として担っていたことに関係しています。

つまり、神はイスラエルの民に祝福を与えるとき、それをおこなう代理（仲介）を祭司アロンにゆだねたのです。[160] もし教会におけるミサ聖祭で、司教あるいは司祭である司式者が神からの祝福を祈るのであれば、それは祝福を与える神とそれをいただく会衆との間の代理者・仲介者として彼らが立てられているからに他なりません。

以上の考察をふまえた上で、「派遣の祝福」をどのように理解したらよいでしょうか。一般謁見の場で[161]、教皇フランシスコが見事な見解を示しています。教皇はミサ聖祭に参加した信者は皆、「聖体によって養われた者、恵みをいただいた者、栄光にあずかった者」として、得たものを生活の場で表わすよう促しているのです。

159　確かに祝福の主体は神ですが、しかしヘブライ語の原文では「祝福する」という動詞の受動態を用いて、「主（神）は祝福されますように」（創 24:27; 出エジ 18:10; ルツ 4:14）と言われることがあります。これは字義どおり神が祝福されるという意味ではなく、人間の側からの神への称賛、賛美を意味しています。そのため日本語では「主（神）は（ほめ）たたえられますように」と訳されるのです。

160　モーセは神から告げられて、神のメッセージをアロンに伝えています。それは、アロンが神とイスラエルの民の間の仲介者（代理者）となって、彼が神の祝福を民に与えるという内容です。それゆえ神の民への祝福は、「祭司による祝福」と言われます。

161　教皇フランシスコは、2018 年の一般謁見において「ミサを味わう」というテーマで連続講話をおこなっていましたが、2018 年 4 月 4 日がその一連の講話の最後で、キリスト者として信仰を証しすることの重要性を強調されました。

彼らは司式者の祝福によって自分たちの生活の場である家庭、職場、学校に送り出されていきます。彼らは、それぞれが遣わされた場で神の「恵み」と「栄光」を福音宣教によって多くの人々に証し伝えていく「使命」(Missio) を果たすわけです。復活され天に昇って行ったキリストも、後に全世界に宣教に出かけていく弟子たちを、手を上げて祝福されました（ルカ 24:50-51)。それゆえ教会は、ミサの最後に、いただいた恵みを伝えるようにと、聖なる使命を受けて、それぞれの生活の場に派遣されていく信者を祝福するのです。

祝福を受けた信者の証と宣教のわざが、祝福を与えて下さった神に対する応答です。したがって、祝福は決して単に神からの一方通行のわざではなく、私たち信者もそれに応えていかなければならず、それゆえに祝福は、神とのコミュニケーションであると言うことができるのです。

新たなる派遣

古代世界では、慣習的に、儀礼的な散会をもって集会を締めくくっていました。初期キリスト信者たちは、同じような終え方を彼らの典礼的な集会に取り入れる必要性を感じました。そのため四世紀以降、その役割を果たすために、Ite, Missa est（イーテ、ミッサ　エスト）というラテン語の言い回しが使われるようになりました。これは、字義的には「行きなさい、解散です、派遣されました」という意味で、それが新しい英語のミサの翻訳では、「行きなさい、ミサは終わりました」[162] と訳されています。興味深いことに、正教会の聖体礼儀の最後にも次のような宣言が見出されます。「蓋爾(けだしなんじ)は我らの成聖なり、我等栄光を爾父と子と聖神（せいしん）に献ず、今も何時も世世に、アミン。主の名に因りて、平安にして出づべし」。

この散会について最も重要なことは、聖体祭儀の典礼全体がこの最後の一行にある Missa（解散、派遣）ということばから「ミサ」と名付けられているということです。このことは、いかにミサが究極的には「外に向かって（神が）送り出すこと」として理解されるべきかを示しています。それは『カテキズム』が説明しているように、「聖体祭儀が『ミ

---

162 “Go forth, the Mass is ended.”

サ聖祭』（"Missa"、英語では "Holy Mass"）と呼ばれるのは、救いの神秘の実現である典礼が、信者が日常生活の中で神のみ旨を果たすようにと願う信者の派遣（missio）で終了するから」[163] です。

イエスは、使徒たちに語りました。「父が私をお遣わしになったように、私もあなたがたを遣わす」（ヨハ 20:21）と。御父は、私たちを神の命にあずからせるため、御子を世にお遣わしになりました。私たちが見てきたように、イエスの受難と死、そして復活という過越の神秘全体が、聖体祭儀という典礼の中で私たちに現わされました。それゆえ私たちはイエスの生涯とその使命、その神秘により深く結ばれることができるのです。私たちが聖体祭儀によってイエスにより深く結ばれれば結ばれるほど、私たちを取り巻く世界の中で、私たちはイエスの命、愛と平和、喜びをより一層広げていくことができるのです。

キリストはこうも教えられました。「大通りに出て、見かけた者はだれでも婚宴に連れて来なさい」、そして「あなたがたは行って、すべての民を私の弟子にしなさい」と。

つまり、この典礼の最後の一文によって、私たちは目的なく散会させられるのではありません。それは、使命を伴う散会なのです。すなわち、全被造物を神の恵みにあずからせるために、主が神の民を力づけ新たに派遣するということを意味しているのです。[164]

163　『カテキズム』1332 項。

164　ラテン語規範版の『ローマ・ミサ典礼書』（第 3 版）の Ordo Missae の 144 項には、次のような幾つかの選択可能な派遣のことばが示されています。Ite, ad Evangelium Domini annuntiandum（行きなさい。主の福音を宣べ伝えるために）/ Ite in pace, glorificando vita vestra Dominum（平和のうちに行きなさい。あなたがたの生活によって主をたたえながら）/Ite in pace（平和のうちに行きなさい）.

結び

福音宣教の源泉であるミサ

「教会は、その本性から宣教的であり、福音宣教のわざは神の民の基本的な義務とみなされるべきもの」[165]です。言うまでもなく、その原動力はミサでの体験にあります。

これまで見てきたように、私たちのミサは、「地上における天国」の体験、「天に上げられること」だと言えます。

正教会の典礼では、聖体拝領の後「我等、すでに真の光を観、天の聖神を受け、正しき信を得て、分れざる聖三者を拝む、彼我等を救い給えばなり……」と歌われます。正教会においては、ミサにあずかることはイエスの弟子たちの「ダボル山」での経験と重ね合わせて説明されることもあります。[166]

私たちは、ミサの中で旧約の律法と預言（モーセとエリア）を完成させ、エルサレムで新たな過越（exodus）を完遂される栄光に輝くイエス（ルカ 9:29-33）を目の当たりにして、「ここにいることはすばらしいこと」（ルカ 9:33）だと叫んだ弟子たちと同じ体験をしたのです。

そして御父に「彼にこそ聞き従いなさい」（ルカ 9:35）と命じられてその山から降りる私たちは、黙示録的に言えば天上の主の神殿から出て、この世の只中（ただなか）へとその神秘的な体験を胸に、出かけて行くわけです。つまり三位の神との交わりの体験、真の喜びと平和である神の国の体験をして、すでに始められた世の聖化を完成させるために、私たちはこの証人として出かけていくのです。

私たちは、信仰、希望、愛によって主に結ばれ、すでに主とともに天の憩いを味わったのですから、地上の労苦を耐えるようにしようではありませんか。

ミサを祝った私たちは、「それぞれ自分の家に帰っていきます。私た

165　第二バチカン公会議『教会の宣教活動に関する教令』２項および教会法第 781 条を参照。

166　A. シュメーマン『世の命のために』（松島雄一訳、新教出版、2003 年）59-60 頁参照。

ちはともに光を浴びて嬉しかったのです。大いに喜び、大いに楽しみました。今、互いに別れて去っていきますが、主から離れることがないようにしましょう」。[167] 私たち自身が私たちが祝ったものにいつも倣うものでありますように。ミサを祝った私たちの生活そのものが、神への賛美であり続けますように。

聖霊の交わりの中でキリストの愛の秘跡にあずかった私たちは、聖堂を出て以前と何ら変わらぬ生活に戻っていくのではなく、この世にあってこの世の者とは異なる聖なる生き方において、より積極的に福音を証するため、つまり信仰の神秘の体験をもって世を福音化するために派遣されていくのです。主は世の終わりまでいつも私たちとともにいて下さいます（マタ 28：20）。

「行きましょう。主の平和のうちに」。

167　アウグスティヌス『ヨハネ福音書注解』（35, 8-9; CCL 36, 32-323）。

あとがき

このたび、エドワード・スリ（Edward Sri）博士の *A Biblical Walk through the Mass*：*Understanding What We Say and Do in the liturgy*（『ミサを巡る聖書的散策』－典礼におけることばと所作の理解－）にもとづいたミサの解説書の出版に携わらせていただき、本書を皆様のお手元にお届けできることを光栄に思っております。同時に、個人的には一つの仕事を成し遂げることができ、安堵しながらも達成感を味わっている次第です。

今回の仕事に従事しながら、思うことが二つありました。一つは、月並みな言い方で恐縮ですが、司祭として毎日ミサをささげることができるということは、大きな喜びであり、大きなお恵みであることを再認識できたということです。司祭として生きていると、そうであることが当たり前すぎて、その役務自体もルーティン化してしまう危険性があることをよく意識します。「今から、自分は聖なるごミサをおささげし、会衆である信徒のみなさんと喜びを分かち合うのだ」という気持ちが欠落した状態で祭儀に臨むことが多々あったと、この仕事に携わりながら反省しました。その原因を探っていくと、ミサの中で「定型句」をいつも唱え、歌うことが多く、またいつも同じ所作をする、それを毎日繰り返していると一つの作業になってしまうからではないのか、そう思えてきました。本書は、そういう意識で最も大切なミサ聖祭を執りおこなう司祭に、自分をも含めて、大きな「一喝」を与えてくれます。それは次のような問いを私たち司祭につきつけているかのようです。

自分は何故、今このミサ聖祭をささげようとしているのか。それは単に習慣ないし義務からか。自分の生活の実情は果たしてそのミサをささげる、あるいはミサにあずかるのに本当にふさわしいものであっただろうか。この祭儀において、自分はいったい何をどのような態度で祝おうとしているだろうか。どんな心で、だれのためにミサをささげようとしているのか。ミサの間に語られるみことばに自分はどれほどの信頼を置き、それにいかなる助けを日々期待しているだろうか。自分は自己本位ではなくキリストへの心からの信頼のうちに謙遜かつ誠実に祈ることができているだろうか……

ミサにおけることばや所作は、「定型句」と呼ばれるものであったり、あるいは「同じ所作」であっても、またそれを日々繰り返すのであっても、それらには深く汲み尽くしがたい意味（神学的意味、聖書的意味）があり、キリストもまたそういう中に現存され、司祭とまた信徒のみなさんと出会って下さいます。ミサ聖祭は、いわば、その時間と場を私たちに豊かに与えてくれます。ですから司祭の側からも、信徒の側からも、その意味や価値を少しでも意識すれば日常のことが非日常のことへと変わっていく、そのように本書は私たちをミサに積極的に参加するよう誘っているのです。

二つ目は、日本各地のカトリック教会では多くの研修会が開かれています。もちろんその規模は様々であり（教区、小教区、修道会、グループなど）、内容もその時々の時宜を得たものであるようです。しかし、主観的な意見ではありますが、中でも典礼について、特に「ミサ」についての研修会は非常に多いように思われます。仮にミサにはいつも参加していても、むしろミサにいつも参加してるがゆえに、その奥深さと意味が十全的に理解できていないことが多いからでしょう。本書は、ミサの根底に聖書的起源ひいては信仰の遺産としての教会の伝統があることを指摘しながら、それを丁寧に、しかも分かりやすく解説し、ミサの素晴らしさをこの書を読む人に伝えてくれています。さらに読者の典礼に関する多くの疑問にも答えてくれると思いますし、また新たな気付きを与えてくれることもあるでしょう。おかしな言い方かもしれませんが、本書はミサにあずかる私たち自身と私たちのそれに対する意識を新鮮にしてくれるはずです。それゆえ、本書をご一読いただくことが、カトリック信者の信仰生活の源泉であると同時に頂点でもあるミサ（第二バチカン公会議『典礼憲章』10項参照）についての理解の深まりとその重要性の再認識につながる機会となれば幸甚です。

最後になりますが、共同製作者である東京大司教区の司祭、田中昇師にはあらためて心から感謝致します。教会法の専門家として、また司牧者としてお忙しくされている中、このような著作の出版に関わる機会を与えていただき、刊行に至るまで大きなお骨折りをなさったことと思います。これまで、惜しみなく時間を割き、尽力下さいましたことに対して御礼申し上げます。

2020年3月　福岡にて

湯浅俊治

【著者略歴】
Edward Sri（エドワード・スリ）

オハイオ州スチューベンビル（アメリカ）のフランシスカン大学で文学修士号を取得。

ローマの教皇庁立聖トマス･アクィナス大学で学び聖書神学の修士号（STL）および博士号（STD）を取得。

コロラド州デンバー（アメリカ合衆国）のオーガスティン高等研究所（Augustine Institute）の神学および聖書学の専属教授であり、またカンザス州アチソンのベネディクティン大学（Benedctine College）の客員教授も務める。

専門分野は、神学（マリア論）、聖書、ヨハネ・パウロ２世の「体の神学」。またカトリック信者向けの結婚準備講座や青年向けのカテケージスなどの活動もおこなっている。

カトリック大学学生協会Fellowship of Catholic University Students（FOCUS）の設立者でありまた指導者の一人。

カトリックのテレビ・ラジオ放送EWTN（The Eternal Word Television Network）のレギュラー出演者で聖書やキリスト教についての解説者でもある。また聖書をはじめとするカテケージスのための多くのビデオプログラム作成に尽力している。

現在、コロラド州リトルトンに妻のエリザベスと６人の子供とともに暮らしている。

［主な著書］
No Greater Love: A Biblical Walk Through Christ's Passion（Ascension Press, 2019）

Love Unveiled: The Catholic Faith Explained（Ignatius Press, 2017）

Walking with Mary: A Biblical Journey from Nazareth to the Cross（Image, 2013）

The Gospel of Matthew（Baker Academic Press, 2010）

The Bible Compass: A Catholic's Guide to Navigating the Scriptures（Ascension Press, 2009）

Men, Women and the Mystery of Love: Practical Insights from John Paul II's 'Love and Responsibility'（Servant Books, 2007）.

Queen Mother: A Biblical Theology of Mary's Queenship（Emmaus Road Publishing, 2005）

Dawn of the Messiah: The Coming of Christ in Scripture（St. Anthony Messenger Press, 2005）

The New Rosary in Scripture: Biblical Insights for Praying the 20 Mysteries（Servant Books, 2003）

[主な論文]
"Release from the Sin of Debt: Jesus' Jubilee Year Mission in Luke" *Nova et Vetera* 9.1（Winter 2011）: 183-94.
"Queen Mother: A Biblical Theology of Mary's Queenship" *in Marian Studies*（2005）.

湯浅俊治（ゆあさ　としはる）

1966年　長崎に生まれる。
1990年　モントリオール大神学校に留学、1994年に教皇庁立ラテラン大学神学部の神学学士号を取得。同年、長崎教区司祭として長崎にて叙階。
1995年　フランスにてサン・スルピス司祭会の養成を受け同会に入会。
1996年から4年間、ローマの教皇庁立聖書研究所にて聖書学を修め、聖書学修士号（SSL）を取得。帰国後、福岡サン・スルピス大神学院、英知大学（聖トマス大学）、日本カトリック神学院で新約聖書の教鞭をとる。
2007年から2009年まで、日本聖書協会の共同訳聖書の翻訳委員を務める。
現在、福岡カトリック神学院にて司祭養成に従事しつつ新約聖書の教鞭をとる。

[論文]
「マタイにおけるイエスの死の類型（Typology）についての一考察（マタイ27:45-54）」（福岡サン・スルピス大神学院紀要2000-2001年合併号）
「『先祖たちへの賛歌』の最初に見られるエノクの素顔《ギリシア語をもとに：シラ44:16》」（同上、2003年）
「アンティオキアに現れた最初の『キリスト者』―― 使徒言行録11:26に基づいて」（日本カトリック神学院紀要2013年）
「『先祖たちへの賛歌』の最初に見られるエノク―― シラ44:16のヘブライ語・ギリシア語のテキスト上の問題点」（聖書翻訳研究No. 32, 2011）
[著書・訳書]
聖書読解へのアクセス ―― 50のポイント（2010年、教友社）
R. E. ブラウン『ヨハネ共同体の神学とその史的変遷――イエスに愛された弟子の共同体の軌跡』（2008年、教友社）
R. E. ブラウン『解説「ヨハネ福音書とヨハネの手紙」』（2008年、教友社）
M. ヒーリー『カトリック聖書注解　マルコによる福音書』（2014年、サンパウロ）

田中　昇（たなか　のぼる）

1999年、早稲田大学理工学部卒業（応用化学専攻）。

2001年、早稲田大学大学院理工学研究科修了（応用化学専攻）。
2001年から2004年まで、三菱化学（株）において医薬品の研究開発に従事。
2010年、日本カトリック神学院を卒業、東京教区司祭として叙階される。
2011年、ローマ教皇庁立ウルバノ大学より神学学士資格（STB）を取得。2013年、ローマ控訴院裁判所のディプロマ「婚姻解消訴訟および叙階無効宣言訴訟」を取得。
2014年、ローマ教皇庁立ウルバノ大学にて教会法学修士・教授資格（JCL）を取得。東京管区教会裁判所法務官となる。
2016年より、カトリック北町教会の主任司祭、上智大学神学部ならびに南山大学人文学部キリスト教学科（在名古屋教皇庁認可神学部）の非常勤講師を務める。
2019年より、上智大学大学院神学研究科非常勤講師、東京カトリック神学院講師を務める。

[最近の学術論文]
"The theological study of the rite of exorcism in the Catholic Church", 日本カトリック神学院　2009年.
"La Condizione canonica dei divorziati risposati nella Chiesa Cattolica", Pontificio Università Urbaniana 2014.

[訳書]
R. E. ブラウン『ヨハネ共同体の神学とその史的変遷――イエスに愛された弟子の共同体の軌跡』（2008年、教友社）
R. E. ブラウン『解説「ヨハネ福音書とヨハネの手紙」』（2008年、教友社）
G. ラヴァージ『出会い — L'incontro —　祈りにおける神との再会』（2014年、フリープレス）
M. ヒーリー『カトリック聖書注解　マルコによる福音書』（2014年、サンパウロ）
C. E. コンメンツ『ゆるしの秘跡と内的法廷　使徒座に留保された事案の解決法』（2015年、教友社）
ローマ控訴院『自発教令「寛容な裁判官、主イエス」適用のための手引き』（2016年、教友社）
L. サバレーゼ『解説・教会法　信仰を豊かに生きるために』（2018年、フリープレス）

[訳編書]
『教会法神学論集　教会法から見直すカトリック生活』（2019年、教友社）
『カトリック教会の婚姻無効訴訟　ローマ控訴院の判例とその適用』（2020年、教友社）

[著書]
『カトリック教会における婚姻――司牧の課題と指針』（2017年、教友社）
『聖職者の違法行為と身分の喪失――その類型と手続き規則』（2017年、教友社）

Nihil obstat, Tokyo,
Bartholomaeus Yasuaki INAGAWA, vicarius generalis,
Censor deputatus, Curiae archidioecesanae Tokiensis

IMPRIMATUR, Tokyo,
Tarcisius Isao KIKUCHI, Archiepiscopus Tokiensis
Die 14 mensisi Aprilis anni 2020
Prot. N. 2/ 2020L

ミサ聖祭――聖書にもとづくことばと所作の意味　定価（本体2,000円＋税）

発行日　2020年9月14日

共著者　Edward Sri（エドワード・スリ）、田中　昇、湯浅俊治

発行者　山内継祐

発行所　株式会社フリープレス
埼玉県東松山市岩殿1103-51
☎ 049-298-8341　Fax049-298-8342
販売部 e-mail　info@freepress.co.jp

印刷所　モリモト印刷株式会社
販　売　株式会社　星雲社（共同出版社・流通責任出版社）

ISBN　978-4-434-27731-3　C0016

printed in Japan　乱丁・落丁は発行所にてお取り替えいたします。